中国谋术全书

信安图书 ◎ 编著

北京日报出版社

图书在版编目（CIP）数据

中国谋术全书 / 信安图书编著 . -- 北京：北京日报出版社 , 2024.9. -- ISBN 978-7-5477-5035-3

Ⅰ . C934-49

中国国家版本馆 CIP 数据核字第 2024GW3293 号

中国谋术全书

出版发行： 北京日报出版社
地　　址： 北京市东城区东单三条 8-16 号东方广场东配楼四层
邮　　编： 100005
电　　话： 发行部：（010）65255876
　　　　　　总编室：（010）65252135
印　　刷： 三河市双升印务有限公司
经　　销： 各地新华书店
版　　次： 2024 年 9 月第 1 版
　　　　　　2024 年 9 月第 1 次印刷
开　　本： 710 mm×1000 mm　　1/16
印　　张： 14
字　　数： 210 千字
定　　价： 68.00 元

版权所有，侵权必究，未经许可，不得转载

前言

中华民族是一个长于思辨、善于筹谋的智慧民族。泱泱大中华,绵延数千年,一部中国古代史,从某种程度上来说就是一部王朝更迭史、一部权力角逐的战争史。阳谋、阴谋贯穿始终,次数之频繁、计谋之多样堪称举世无双。

中国古代,无论是帝王将相,还是凡夫俗子,无不倚重智谋去用心、斗智、出奇、弄巧,以达到预想的目的。从治国兴邦到用兵打仗,从统御下属到对外交往,从官场升迁到为人处世,无时无处不展现着智谋的力量。那些在历史上留下浓墨重彩者,依靠的不仅仅是武力的强大,更重要的是其智高一等、谋胜一筹。自古代积淀下来的经典谋术,是中华文化中不可或缺的重要组成部分,是我们取之不尽、用之不竭的宝贵财富,虽历经数千年,仍闪耀着智慧之光,对于我们现在的工作和生活，仍有很大的借鉴意义。

《中国谋术全书》在对中国自古以来有关智谋韬略的经典案例和著名故事进行全面梳理及归纳的基础上，甄选了上百个极具典型性的智谋故事。本书内容丰富多彩，妙趣横生，涉及社会的方方面面，从多个角度清晰、完整地呈现了中华谋略文化的全貌，生动再现了古人在治国理政、行军打仗、外交谈判、应对危难及处世交往等方面的智慧与谋略。希望本书不仅能成为读者增长智谋的参考书，更能成为读者在实践中运用智谋解决具体问题的工具书。

一 谋夺天下——王霸谋略

励精图治，秦孝公推动变法成霸业 ………………………… 002
迷惑对手，齐桓公急智诈死夺王位 ………………………… 006
忍辱负重，晋文公历尽磨难成大业 ………………………… 011
不鸣则已，楚庄王韬光养晦"一飞冲天" …………………… 015
卧薪尝胆，勾践忍屈含辱为复国 …………………………… 018
奇货可居，吕不韦豪赌助成王霸之业 ……………………… 022
抢占先机，曹操"挟天子以令诸侯" ………………………… 028
深藏不露，司马懿"装疯卖傻"积蓄力量 …………………… 031
顺势而动，赵匡胤陈桥驿黄袍加身 ………………………… 039
雷厉风行，康熙果断裁"三藩" ……………………………… 044

二 统御有术——用权谋略

巧施小计，晏婴二桃杀三士 …… 050
欲擒故纵，郑庄公智克共叔段 …… 055
高瞻远瞩，赵武灵王胡服骑射勇革新 …… 058
隐忍不发，秦始皇冷眼旁观吕、嫪专权 …… 062
招揽人心，汉高祖封仇人雍齿为侯 …… 066
柔中有刚，汉武帝推恩散势 …… 068
恢宏大度，汉光武帝刚柔相济驭群臣 …… 071
转移众怨，曹操借粮官头颅安军心 …… 074
巧解威胁，赵匡胤杯酒释兵权 …… 076
跟踪刺探，雍正派遣密探监督群臣 …… 079

三 知人善任——用人谋略

用心良苦，武丁借梦求贤相 …… 084
求贤若渴，昭王千金买马骨 …… 087
不拘一格，鸡鸣狗盗有大用 …… 091

不计前嫌，文公容人有雅量 …………………………………… 094
容人小过，庄王绝缨得死士 …………………………………… 097
谦恭纳士，信陵君屈己待人 …………………………………… 099
巧妙识人，文侯选相有高见 …………………………………… 102
信任下属，魏文侯用人不疑 …………………………………… 104
用人所长，诸葛亮量才选贤能 ………………………………… 107
唯才是举，曹操用人不拘品行 ………………………………… 109
用情于谋，唐太宗以情感人心 ………………………………… 112
秉公无私，姚崇不因私去贤 …………………………………… 114
得人治事，曾国藩放手用人 …………………………………… 116

四 处变不惊——应变谋略

急中生智，弦高献牛退秦师 …………………………………… 120
旁敲侧击，淳于髡谏齐威王 …………………………………… 123
知己知彼，孙膑小计赢千金 …………………………………… 125
循循善诱，触龙劝说赵太后 …………………………………… 127
走为上计，鸿门宴刘邦智脱身 ………………………………… 130

虚实相生，李广疑兵计撤退 ·················· 134

以退为进，陈平脱衣险渡河 ·················· 137

临危不乱，孔明弹琴退雄师 ·················· 139

随机应变，卫瓘急智灭钟会 ·················· 141

五 方圆有度——处世谋略

功成身退，范蠡功退成巨富 ·················· 146

急流勇退，范雎全身离相位 ·················· 149

廉洁奉公，晏婴律己得美名 ·················· 152

防患未然，孟尝君狡兔三窟 ·················· 155

小心谨慎，萧何自污名节免猜忌 ·················· 159

因势利导，陈平放浪避吕后 ·················· 163

谨慎淳厚，公孙弘官拜丞相 ·················· 165

淡泊名利，王导雅量为社稷 ·················· 168

年少轻狂，苏东坡被贬黄州 ·················· 171

假痴不癫，朱棣佯疯守王位 ·················· 174

知足为诫，张廷玉代子谦让 ·················· 177

六 灵舌急智——说辩谋略

- 巧妙应对，知罃温言拒楚王 …… 180
- 柔中带刚，吕甥献妙言救君王 …… 182
- 归谬巧辩，蔡厨师洗脱冤屈 …… 185
- 攻击要害，展喜巧言退齐军 …… 187
- 巧驳妄言，姚贾以辩才扳倒韩非 …… 189
- 颜率之辩，重于九鼎之宝 …… 191
- 为己巧辩，陈平赢得刘邦信任 …… 193
- 巧言激将，鲁肃说服孙权抗曹 …… 195
- 舌绽莲花，诸葛恪应对机智得赏识 …… 197
- 唇枪舌剑，诸葛亮阵前骂死王朗 …… 199
- 舌辩群臣，崔浩力劝武帝征柔然 …… 202
- 避其锋芒，王僧虔巧言保性命 …… 204
- 巧设寓意，侯白讲笑话智脱身 …… 206
- 委曲求全，赵鼎巧言化解君臣矛盾 …… 208
- 急中生智，刘墉妙答悦帝心 …… 210

谋夺天下

——王霸谋略

成大事者,必有大谋略。翻开中国古代史,泱泱大中华,绵延数千年,经历了多少次兴亡更迭、易姓改朝。在历史大舞台上,曾有多少人粉墨登场,有多少次权力争夺。围绕着皇权这个中心,有多少人殚精竭虑,多少人明谋暗算。真正是你方唱罢我登场。

一部中国封建王朝更迭史,从某种程度上来说就是最高政权的争夺史,阳谋、阴谋贯穿始终,次数之频繁、计谋之多样堪称举世无双。那些在皇帝宝座上长袖善舞者,依靠的不仅仅是武力的强大,更重要的是其智高一等、谋胜一筹,凭借其"治大国若烹小鲜"的谋略和才能在群雄逐鹿中君临天下、王霸四方。那些有为君主的王霸谋略,可谓集中华民族最高智慧之大成,虽历经数千年,仍闪耀着光辉夺目的智慧之光,对心怀大志者来说,仍有很大的借鉴意义。

励精图治，秦孝公推动变法成霸业

经过春秋时期诸侯国之间的连年战争，到战国时期，一百多个诸侯国只剩下了二十多个，其中以齐、楚、燕、韩、赵、魏、秦七国为强，号称"战国七雄"。这几个大国为了富国强兵，以便在兼并战争中争得霸权地位，纷纷开始了各自的政治变革运动。其中，又数秦国的政治改革最为成功。

在"战国七雄"中，秦国原本是一个比较落后的国家，被视为西戎。"六国卑秦，不与之盟"，就连权力被架空的周天子都不愿意搭理秦国。在秦献公当政之前，秦国频繁更换君主，君臣之间明争暗斗，朝政腐败，国势日衰，士无斗志，民不聊生，百姓怨声载道。与此同时，中原大国晋国被卿大夫韩氏、赵氏、魏氏三家所瓜分，韩、赵、魏合称"三晋"，实力极其强盛，"三晋"中的魏国还乘机夺去了秦国河西的土地。面对"三晋"咄咄逼人的气势，秦国前途暗淡。

在内忧外患的压力下，秦国也开始寻找改革以图强的发展道路。

秦献公即位后，面对国力的衰败落后，大胆地将其在魏国所学的政治经验用于秦国，秦得以停止下滑的颓势。公元前361年，秦献公去世，他的儿子渠梁继位，也就是历史上赫赫有名的秦孝公。秦孝公即位时年仅二十一岁。

秦孝公即位之后，看到秦国外受强邻的欺压，内有贵族的专横，感到无比悲愤，决心奋发图强，改变国家的落后面貌。他向全国颁布招贤令说："现在秦国内忧外患，各诸侯国也都看不起秦国，没有比这更大的耻辱了。宾客和群臣中有谁能献出高明的计策，使秦国强盛起来，我将让他做高官，分封给他土地。"

正是在秦孝公招贤令的感召下，当时在魏国得不到重用的商鞅"闻是令下"，西入秦国求见孝公，并很快得到了重用。

商鞅，姬姓，公孙氏，名鞅，大约生于公元前390年，因为是卫国人，也称卫鞅。后来受封于商（陕西商县东南），号为商君，所以又称为商鞅。

商鞅到了秦国后，打听到秦国有个叫景监的人很受秦孝公的宠爱，就用重金贿赂他，托他将自己引见给秦孝公。据说，在景监的引见下，商鞅一共四次拜谒秦孝公。

第一次拜谒时，商鞅对秦孝公大谈尧舜"帝道"，结果说得秦孝公直打瞌睡，一句也没听进去。第二次拜谒时，商鞅大谈周文王、周武王的"王道"，孝公虽然没有睡觉，但仍然对商鞅的话题不感兴趣，只听了一半就听不下去了。第三次拜谒时，商鞅对秦孝公讲述了春秋五霸以武力强国的道理。这一次，他们谈得比较投机，但秦孝公也没表示要任用他。

等到第四次拜谒，当商鞅谈及"霸道"之时，秦孝公一下子听得入了迷，甚至忘了君臣礼节，不知不觉地一次次将座席向前移。两人交谈三日三夜，秦孝公还是觉得不过瘾。在接下来的两年里，商鞅成为秦国宫廷中最受欢迎的人。他们经常在一起彻夜长谈，富国强兵的政策也逐渐成熟。

公元前359年，商鞅正式推行变法。

改革势必要触及既得利益，必然会遭到方方面面的反对。甘龙、杜挚是反对派的代言人。秦孝公没有采取强制压迫的办法，而是把大臣们召集在一起辩论，以理服人。于是，在推行变法的前夜，在秦国的宫廷，展开了一场激烈的大论战。秦孝公让主张改革的商鞅发表自己的见解，又让反对改革的甘龙、杜挚陈述反对变法的理由，各自把要说的东西都讲出来，看看谁更有道理。直至商鞅以无可辩驳的事实，使反对派哑口无言时，秦孝公才称"善"，正式任命商鞅为左庶长，"卒定变法之令"。

于是历史上著名的商鞅变法开始了，一系列新措施相继出台。

在新法颁布之前，为了测试一下民众对变法的态度，更为了取信于民，以使新法能顺利地贯彻实施下去，商鞅派人把一根三丈长的木头放在闹市中，下令"谁能把木头搬到北门去，就奖赏十金"。老百姓纷纷来看，但都抱怀疑的态度，无人去搬。商鞅把赏金加到五十金，大家更加猜疑：秦国可从来没有出过这么重的奖赏。有一人不信邪，心想：即使没有这么多的奖金，但总会有一些吧！他扛起木头，搬到北门，跟随看热闹的人很多。木头搬到北门后，商鞅如数地兑现了赏金，大家这才相信：商鞅出令必行！

第二天，商鞅颁布新法，并使新法顺利地实施了下去。

商鞅的新法赏罚分明，规定官职的大小和爵位的高低以打仗立功为标准。贵族没有军功的就没有爵位；生产粮食和布帛多的，免除徭役；凡是为了做买卖和因为懒惰而贫穷的，连同妻子儿女都罚做官府的奴婢。

在商鞅推行新法之时，秦孝公对他信任有加。在推行新法前，商鞅曾要求秦孝公答应他三个条件，其中之一就是要求必须对他深信不疑，不能受外界挑拨离间的干扰。否则，不仅自己不得善终，变法也无法贯彻实施，最终只能前功尽弃。秦孝公欣然答应，并说："三百年来，变法功臣皆死于非命，此乃国君之罪也。你我君臣相知，终我一世，绝不负君！"秦孝公果然言行一致，无论是商鞅变法之初，"百姓苦之"，还是商鞅相秦十年，"宗室贵戚多怨望者"，始终没有动摇对商鞅的信任。秦孝公在病重时，甚至曾打算把君位让给商鞅。正是因为这样的信任，才使商鞅能放开手脚推行新法。

秦孝公的可贵之处还在于以实际行动支持商鞅推行新法。变法前，秦孝公就允诺商鞅，执法不避权贵。新法一旦推行，全国上下唯法是从，即便是宫室宗亲，如果违反了法律也和庶民一样治罪。新法实施以后，遭到了一些旧贵族的强烈反对，这些旧贵族暗中串通太子的老师公子虔和公孙贾，挑动太子驷犯法，企图打开一个缺口，破坏整个变法事业。商鞅毫不动摇，对秦孝公说："法之不行，自上犯之。"建议秦孝公处罚太子，以儆效尤。秦孝公完全同意。考虑到太子是国君的继承者，不能用刑，便处罚了太子的老师公子虔和公孙贾，一个割了鼻子，一个脸上刺了字。从此，再也没有人敢公开反对新法了。

新法推行了十年，秦国百姓都非常高兴，路不拾遗，山无盗贼，社会秩序相当安定，家家富裕充足。农业生产提升了，军事力量也强大了。人民勇于为国家而战,不只为私利争斗。秦国在政治、经济等各方面都得到了飞速发展,越来越富强,实力已经赶上甚至超过了其他六国,一跃成为头号强国。周天子派使者送祭肉给秦孝公,封他为"方伯"(一方诸侯的首领),中原的诸侯国也纷纷向秦国道贺。魏国不得不割让河西土地给秦国,把国都迁到大梁(今河南开封)。从此,秦国称雄,为秦始皇统一六国奠定了坚实的基础。

智谋点评

秦孝公即位之时,对秦国落后的现状痛心疾首。但他能顺应时代潮流,知人善用,大胆改革。秦孝公的发愤图强是商鞅变法的前提。可以说,没有秦孝公的图强图变,就不可能有后来的商鞅变法。秦孝公四见商鞅,体现了他求贤若渴的心态,也体现了他的宽容和耐心。同时还可以看出,秦孝公是一个讲求实际的人,不喜欢那种空洞的大道理。他用毕生精力追求富国强兵,可以说是秦国在生死存亡之际适时而生的天才领袖,是秦国变法图强的最大推动力,是夯实整个秦帝国基石的君主。

迷惑对手，齐桓公急智诈死夺王位

春秋时期，齐国的第十四位国君齐襄公当政（前697年—前686年）时，荒淫无道，政治腐败。他与自己的亲妹妹文姜私通一事，成为诸侯之间人人相传的丑闻，两人甚至谋杀了文姜的丈夫鲁桓公。他整天狩猎游玩，不理国政，滥杀无辜，赏罚不明，搞得举国上下人人自危，百姓饥寒交迫、怨声载道。

齐襄公有两个弟弟，一个是公子小白，另一个是公子纠。公子小白的老师叫鲍叔牙，公子纠的老师叫管仲，鲍叔牙和管仲还是一对好朋友。

管仲的祖先曾经是名门望族，后来家道中落，到管仲这一代时已经贫困潦倒。管仲和鲍叔牙友情很深，曾经一起合伙做生意。后人常用"管鲍之交"形容友情深厚。

管仲和鲍叔牙都是有政治远见的人，不甘于做个微贱的商人，于是相约弃商从政，分别辅佐公子纠和公子小白。一对好友，给两个公子当师傅，成为当时的美谈。

当时齐襄公因滥杀无辜，导致朝政混乱、民不聊生。管仲和鲍叔牙预感到齐国会大乱，害怕两个公子受到他们兄长齐襄公的迫害和株连，就带着他们分别逃到其他国家避难。公子纠的母亲是鲁国人，管仲和召忽就带着公子纠到了鲁国。公子小白的母亲是卫君的女儿，但卫国离齐国太远，为了能及时了解国内局势，鲍叔牙就带着公子小白到了离齐国很近的莒国。

几年后，齐国果然爆发内乱。齐襄公十一年（公元前687年）秋，齐襄公令大夫连称和管至父率兵戍守葵丘（今山东淄博西）。临行前约好，今年瓜熟时去，明年瓜熟时替回。可是一年过去了，齐襄公却不派兵替换。

连称和管至父几次请求，都遭拒绝。于是连、管二人便利用戍卒的不满情绪，联合齐襄公的叔伯兄弟公孙无知发动兵变，打回临淄。齐襄公被杀，公孙无知成为齐君。次年，公孙无知在雍林被人杀死。

齐国无君，一片混乱。大臣们紧锣密鼓地开始策划拥立新君。逃亡在外的两个公子听到消息后，也都设法回到齐国，准备夺取国君宝座。公子小白和齐国大夫高傒交情深厚，于是就急忙派人和高傒取得联系，并联合另一个大夫国氏，准备回国继位。为了争取时间，鲍叔牙和公子小白借了一辆兵车，日夜兼程地往齐国赶。

鲁国国君鲁庄公听说公孙无知被杀，也发兵送公子小白的哥哥公子纠回国。为了阻止公子小白，管仲自请先行，亲自率领三十辆兵车，在莒国通往齐国的路上拦截。兵车在即墨附近埋伏了下来，当公子小白的车走近时，管仲举起手中的弓箭向他射去，只听"嗖"的一声，小白应声倒地。管仲以为小白已死，便马上撤退。

管仲怎么也没有想到，他那一箭只是射在了小白的铜带钩上。小白急中生智，顺势倒地装死，不仅躲过了一劫，还麻痹了敌人。

管仲离开后，为了继续迷惑对手，公子小白命属下发布自己的死讯，自己则藏身车中，飞速地向齐国挺进。管仲则向鲁庄公报告小白已死，于是公子纠一行就松懈下来，行进的速度也放慢了。六天后，等公子纠到达齐国的时候，公子小白已在高傒等人的拥护下继位成为新君，也就是后来赫赫有名的齐桓公。

公子纠悔恨不已，只好悻悻地返回了鲁国。鲁庄公得知事情的真相后非常恼怒，于是就出兵攻打齐国。齐桓公沉着应战，结果鲁国被打败。齐国的军队一直打到鲁国的汶水南岸，将鲁国汶阳的五十里土地都据为所有。

齐桓公地位稳固之后，准备请鲍叔牙出任齐相。鲍叔牙却向他推荐了管仲，齐桓公说："你明明知道管仲是我的仇人，我还要报那一箭之仇，怎么可能重用他呢？"鲍叔牙对齐桓公道："我本是个平庸之人，因为幸运地跟从了您，才有了现在的地位。如果您只想治理齐国，那么有我和高傒就够了；如果您想成就霸业，那么非管仲不可。管仲有五点比我强：宽以从政，惠以爱民；治理江山，权术安稳；取信于民，深得民心；制定礼仪，风化天下；整治军队，骁勇善战。管仲到哪个国家，哪个国家就能强盛，您千万不能失去他。"

齐桓公听从了鲍叔牙的建议，写了一封信派人送给鲁庄公。他在信中说："公子纠是我的兄弟，我不忍心杀他，请您替我杀了他。管仲和召忽是我的仇人，请您把他们送回来，我要把他们剁成肉泥。如不照办，我就要出兵讨伐鲁国。"鲁庄公跟群臣商议之后，觉得鲁国实在没有力量继续跟齐国抗衡，只好逼公子纠自杀了，并且没有听从大臣杀死管仲的劝告，把他装在囚车里，送回了齐国。

管仲到了齐国之后，齐桓公听从鲍叔牙的劝告，特意挑选了一个吉日相迎，不计前嫌，任用管仲做身边的近臣。一次，齐桓公不听管仲的劝告，执意攻打鲁国，结果被曹刿打得大败。他后悔没有听管仲的话，便找到管仲向其认错。管仲深受感动，决定忠心辅佐齐桓公，齐桓公也拜他为相国，而且放手让他管理国家。

管仲做了相国后，向齐桓公推荐了一些人才。根据管仲的建议，齐桓公对他们量才而用，齐国的有识之士一天天地多了起来。为了加强国君的权力，管仲建议国君掌握生、杀、富、贵、贫、贱这六大权力，同时实行对有功者赏、有罪者罚的政策。通过一系列改革，齐国政权得到巩固，军事得到加强，经济也空前繁荣，渐渐成为实力强大的国家之一。

管仲根据当时的形势，为齐桓公制定了一项"尊王攘夷"的政策。"尊王攘夷"就是尊重周朝王室，承认周天子至高无上的地位，各诸侯国联合起来共同抵御蛮、夷、戎等部族对中原的侵扰。这期间，周庄王驾崩，周僖王继位。与此同时，宋国发生了内乱。国君宋闵公被杀，公子游继位后又被宋闵公的弟弟公子御说借兵杀死。利用这个机会，管仲向齐桓公出了个可以称霸中原的主意，齐桓公高兴地照办了。

周庄王名义上是各诸侯国的首领，但实际上已名存实亡，所以在他去世时，各诸侯国没有一个来吊丧的。周僖王即位后，也没有来贺喜的。周僖王感到很不是滋味。正在这时，有人来报：齐国派使臣带许多贡物来祝贺新天子即位。周僖王喜出望外，立即接见。

席间，齐使向周僖王奏明：宋国内乱不止，影响很坏，至今国君还没有定下来。希望天子下令，选一个诸侯国牵头，召集其他诸侯国，商定一下宋国的国君人选，以便平息宋国内乱。

周僖王原本也想找个机会提高一下自己的威望，如今齐使的请求大大满足了他的虚荣心，于是连连答应，并立即写了一道由齐君出面邀请诸侯"商讨宋国君位"的命令交给齐使。

齐使圆满地完成了出使任务，这一切都在管仲的计划之中。

齐桓公接到周天子的命令，当即让管仲把召集诸侯参加会议的通知给各国送去，同时自己到北杏去布置会场。

会期到了，原定的十几个国家只到了邾、宋、陈、蔡四国。

会议开始了，主题是商定宋国的国君，当然不能跑题。于是齐桓公提议公子御说为宋国国君，各国一致同意，主要问题轻轻松松地解决了。齐桓公接着说："现在王室衰微，为了扶助王室，共创大业，需推选一位领头人，请各诸侯考虑一下人选。"齐桓公实际上是在告诉大家推选一位盟主。

论理，宋国的资格比较老，是公爵国，也就是一等诸侯国。但是，由于内乱不断，国家被折腾得虚弱不堪，已经没有能力竞选了。齐国虽然是侯爵国——二等诸侯，但国力强盛是有目共睹的。陈国的国君陈宣公审时度势，卖了个顺水人情，说："既然本次会议是齐侯召集的，那就选他为盟主吧。"众人附和。齐桓公正有此意，便半推半就地接受了推选，又与到会的四国签订了扶助王室、抵御外侮、平定内乱、帮助弱国的盟约。同时商定，如有违约者，共同讨伐。

公元前681年，齐桓公登上了中原霸主的位置。

智谋点评

在公子小白与公子纠赶回齐国争夺君位的较量中,速度决定了胜败。鲁国人在护送公子纠回国的同时,派管仲带兵在公子小白回国的路上设伏,其目的就是要杀死公子小白或迟滞公子小白回国的速度。公子小白则使用了一招出神入化的"诈术",在千钧一发之际急中生智,假装被管仲射死,使公子纠和鲁国人放松了警惕,从而放慢了赶往齐国的速度,而公子小白则暗中加快了行进的速度。一慢一快之间,一个人距离君位远了,另一个人距离君位近了。就这样,公子小白赢得了速度之争的最终胜利,为自己赢得了君王的位置。

忍辱负重，晋文公历尽磨难成大业

晋文公生于周桓王二十三年（公元前697年），卒于周襄王二十四年（公元前628年），是春秋时期晋国的国君，姓姬，名重耳。他与齐桓公齐名，是继其之后真正建立起霸业的霸主，为"春秋五霸"之一。他经历曲折，备遭困厄，即位后励精图治，政绩显赫。他的事迹历来为史家称道，并广为流传。

公元前676年，晋武公的儿子姬诡诸继承了君位，是为晋献公。在晋献公做太子时，晋武公为他娶妻贾姬。因贾姬无子，后来他又娶了两位夫人：一个叫狐姬，是大戎主的侄女，生子重耳；一个是小戎允姓女子，生子夷吾。晋献公的父亲晋武公在晚年时，又娶了个年轻夫人叫齐姜，是齐桓公的女儿。齐姜青春年少，过门不久就和姬诡诸私通。晋武公死后，诡诸干脆把他的继母娶过来做了夫人，后来还生了两个子女：儿子就是申生，女儿就是后来嫁给秦穆公的伯姬。这样，晋献公就有三个儿子——重耳、夷吾和申生。如果按年龄，申生最小，但因为申生的母亲是齐桓公的女儿，"子以母贵"，所以申生被立为太子。

公元前671年，晋献公率兵攻打骊戎（即西戎族）。这次战争之后，晋献公又得到两个美女，一个叫骊姬，一个叫少姬，是一对姐妹。姐姐骊姬长得非常漂亮，又会花言巧语，因此极受晋献公的宠爱。

过了几年，骊姬生下儿子奚齐。晋献公就废掉齐姜，立骊姬为夫人。

奚齐长大后，骊姬和中大夫有了夺取太子之位的预谋。骊姬对太子申生说："国君梦见了你母亲齐姜，你一定要赶快去祭祀她。"太子就到曲沃去祭祀，并把祭祀的酒肉带回来献给晋献公。晋献公当时正在外打猎，骊姬把祭祀的酒肉在宫中放了六天。晋献公打猎回来，骊姬便把下了毒药的酒肉献给他。晋献公洒酒祭地，地上的土凸起成堆；拿肉给狗吃，狗被毒死；给宫中小臣吃，小臣也死了。骊姬哭着说："是太子想谋害您。"太子听闻后逃到了新城，晋献公大怒，杀了太子的师傅杜原款。

有人对太子说："您要申辩，国君一定会辩明是非。"太子说："君王如果没有了骊姬，会睡不安、吃不饱。我一申辩，骊姬必定会有罪。君王老了，我不能因此而让他不快乐。"那人说："您想出走吗？"太子说："君王还没有明察骊姬的罪过，我带着弑父的罪名出走，谁会接纳我呢？"

同年十二月二十七日，太子申生在新城自杀。

重耳和夷吾听说申生死了，就前往晋都询问。

骊姬又向晋献公挑拨说："申生下毒，看来重耳、夷吾是知道的。"

重耳和夷吾得知骊姬又在暗算他们，就悄悄回到了各自的封地。多疑多忌的晋献公见两位公子不辞而别，越发信以为真，于是立即派出军队，兵分两路，去追捕重耳和夷吾。

追兵来到蒲城，进入宫中，抓住了重耳。一个名叫勃鞮的小官逼着重耳自杀。重耳挣脱束缚，翻身逃跑，勃鞮举刀便砍，结果只砍下了重耳的半截衣袖。

从此，重耳便开始了十几年的流亡生活，当时他已四十二岁。由于重耳平时能"好善不厌，父事狐偃，师事赵衰，而长事贾佗"，颇有贤名，所以即使在流亡，跟随他的人也很多。

重耳先来到狄国。他为什么要逃到狄国呢？据《史记》记载：狄，其母国也。也就是说，狄国是重耳母亲的祖国。狄国国君热情好客，听说晋国公子重耳和一帮有名望的人到了，特意用厚礼接待，把这一伙"难民"安排得舒舒适适。狄君还把征服廧咎如（赤狄别种，隗姓）时收纳的两个漂亮女子赐予他们：小的叫季隗，嫁给了重耳，生下两个儿子，取名伯鲦、叔刘；大的叫叔隗，嫁给了赵衰，生了个儿子，取名赵盾。他们找下这个好靠山，一住就是十二年。那时，重耳觉得自己已经是个五十多岁的老头子，不会再有出头的日子了。

在重耳流亡的过程中，夷吾则逃往梁国。公元前651年，晋献公去世后，晋国内部以里克为首的贵族发动兵变，先后两任国君被杀，晋国处于无君状态。里克本想迎公子重耳回国即位，但重耳不想当实权者的傀儡，便予以婉拒，于是里克不得不退而求其次派使者去迎夷吾，夷吾对内向里克许诺国相之位，对外向秦国许诺割让五座城池。在这样里应外合的支持下，夷吾在秦军的护送下回国即位，是为晋惠公。

就在第十二个年头，狐毛、狐偃兄弟收到重耳的舅父、狐氏兄弟的父亲狐突来信，信中说：晋惠公从秦国回到晋国后，立即下令，把在韩原之战中没有救驾的庆郑斩首。他又把宠臣郤芮叫到身边，说重耳在外面笼络诸侯，迟早是晋国的祸害，不如趁早把他除掉。郤芮推荐勃鞮除掉重耳。

重耳得知这一消息，便向齐国逃去。当时重耳在狄国已滞留十二年之久。到齐国后，齐桓公厚加礼待，为他娶妻，并送他车马。第二年，齐桓公去世，齐国发生内乱。重耳贪图安逸，不想离开，又住了三年。赵衰和狐偃等人最后说服重耳离开齐国前往楚国，以寻找靠山，同时寻觅合适的时机回国。沿途他们备尝艰辛屈辱，终于到达楚国。楚成王是具有远见的政治家，他把重耳当作贵宾，还用招待诸侯的礼节招待他。楚成王对待重耳很好，重耳也对楚成王十分尊敬。楚成王在宴请重耳的时候开玩笑地说："将来公子要是回到晋国，怎样报答我的知遇之恩呢？"重耳对楚成王说："要是托大王的福，能够回到晋国，我愿意跟贵国交好，让两国的百姓过太平的日子。万一两国发生战争，在两军相遇的时候，我一定退避三舍（'三舍'即九十里）。"楚成王听了并不在意，却惹恼了旁边的楚国大将成得臣。他对楚成王说："重耳说话没有分寸，将来准是个忘恩负义的家伙。还不如趁早杀了他，免得以后吃他的亏。"楚成王却认为"晋公子敏而有文，约而不谄，三材侍之，天祚之矣。天之所兴，谁能废之"，没有采纳他的意见。

后来秦穆公邀请重耳去秦国，楚成王便将他送去，秦穆公也待他甚厚。

原来秦穆公曾经帮助重耳的异母兄弟夷吾当了晋国国君（晋惠公）。没想到夷吾做了晋国国君以后，反倒跟秦国作对，还发生了战争。夷吾一死，他儿子又同秦国不和。所以秦穆公才决定帮助重耳回国。

公元前636年，秦国护送重耳的大军过了黄河。流亡了十九年的重耳回国即位，是为晋文公，此时他已六十二岁。

晋文公重耳是个聪明贤达、老成持重的人，长期的流亡生活，磨炼了他的意志，增长了他的才干。

重耳做了国君后，以超人的胸怀广纳贤士，使国力越来越强。他大加奖赏有功人员，就连逃亡途中有仇于他的勃鞮、头须等人也被重用。所以，晋惠公的大臣纷纷解除顾虑，入朝为晋文公卖力。晋国大治，从而成就了春秋霸业。

智谋点评

重耳之所以能成为春秋时期显赫一时的霸主，跟他在国外流亡时所遭受的磨难有很大的关系。在这个过程之中，忍耐起了关键的作用。在流亡的19年里，各种挫折、不幸、苦难、绝望、屈辱、恐惧等一应俱全，他一一承受着、忍耐着，其毅力与坚韧可想而知。如果重耳一开始就成为一国的国君，必定是不合适的。那时候他不过是一个浮躁且目光短浅的贵族公子，即便顺利地登上王位，也只会是一个碌碌无为的君主，湮没在历史长河中。正是长年的流亡使他成长为一个胸怀宽广的君主，他在流亡中苦心志、劳筋骨、饿体肤，动心忍性，增益其所不能，逐渐拥有了一代霸主的风范。

不鸣则已,楚庄王韬光养晦"一飞冲天"

楚成王在位时,楚国的国力发展到第一个高峰。他在当政的四十六年中,屡次北进,在召陵受到齐桓公的阻挡,在城濮又遭到晋文公的打击。晚年想改立继承人不成,被迫自杀。他的儿子楚穆王逼死父亲后自立,造成内部分裂。楚穆王在短短的十二年统治中无所作为,国内一些强宗大族趁势兴起,互相争夺,楚国政权出现危机。楚庄王就是在这种困难环境中即位的。

楚庄王(?—前591年),芈姓,熊氏,名侣,春秋中期楚国杰出的君主,继齐桓公、晋文公、晋襄公、晋成公后,再度称霸中原,将楚国的国力推向巅峰,一度打破晋国对中原霸权的长期垄断,已大大加速了荆楚与中原文化的大融合,为中国先秦文明的发展做出了突出的贡献。

但刚刚即位时的楚庄王并未像其他新君上任那样雷厉风行地干一些事情,而是不问国政,只顾纵情享乐。他有时带着卫士、姬妾去云梦等大泽游猎,有时在宫中饮酒观舞,浑浑噩噩,无日无夜地沉浸在声色犬马之中。每逢大臣们进宫汇报国事,他总是不耐烦地回绝,任凭大臣们自己处理。他根本不像个国君,朝野上下也都拿他当昏君看待。

即位三年以来,楚庄王整天喝酒、打猎,不问政事。更有甚者,他为了耳根的清静,干脆在宫门口立一木牌,上书"有敢谏者死无赦"。

禁令虽严,却不能吓退忠贞之士。大臣伍举在经过深思熟虑后来谒见楚庄王,只见庄王在宫中左拥郑姬,右抱越女,醉醺醺地观看歌舞。看到伍举来见,他眯着眼问道:"爱卿来找我,是想跟我一起喝酒呢,还是想陪我一起欣赏歌舞?"伍举答道:"有人请我猜一谜语,我怎么也猜不出来,特来请教大王。"庄王笑道:"是什么谜语?快说来听听。"伍举不慌不忙地说:"楚都有一只大鸟,五彩缤纷,艳丽无比,神气地待在高坡上,三年来不飞不叫,满朝文武都猜不透是只什么鸟。"楚庄王听完这段话,思考了一会儿说:"这可不是普通的鸟。这种鸟,不飞则已,一飞冲天;不鸣则已,一鸣惊人。"

伍举听后,知道庄王心中有数,非常高兴,就又进言道:"还是大王的见识高,一猜就中,只是此鸟不鸣,怕猎人会射暗箭啊!"楚庄王听后身子一震,随即就叫他下去了。

过了几个月,楚庄王这只"大鸟"依然如故,既不"鸣"也不"飞",照旧打猎、喝酒、欣赏歌舞,一如既往,不仅没有改过,反而越发不成体统了。苏从见状实在无法再继续忍耐下去,就闯进宫去对楚庄王说:"大王身为楚国国君,即位三年,不问朝政,如此下去,恐怕会像桀、纣一样招致亡国灭身之祸啊!"楚庄王一听,立刻竖起浓眉,露出一副暴君的模样,抽出长剑指着苏从的心窝说:"你竟敢辱骂我,是不是想死?"苏从从容地说:"我死了还能落个忠臣的美名,大王却落个暴君之名。如果我死能使大王振作起来,能使楚国强盛,我甘愿一死!"苏从说完,面不改色,请求楚庄王处死他。

楚庄王盯着苏从许久,突然扔下长剑,抱住他激动地说:"好啊,苏大夫,你正是我寻找多年的社稷栋梁之臣!"楚庄王说完,立刻斥退那些惊恐莫名的舞姬妃子,拉着苏从的手谈起来。两人越谈越投机,竟至废寝忘食。

苏从惊异地发现,庄王虽三年不理朝政,但对国内外情形事无巨细都非常清楚,对朝中大事及诸侯国的情势都了如指掌,对于各种情况也都想好了对策。这一发现令苏从不禁激动万分。

原来,这是楚庄王的韬光养晦之策。他即位时十分年轻,不明世事,朝中诸事尚不明白,也不知如何处置。况且人心复杂,尤其是若敖氏专权,他不明所以,更不敢轻举妄动。无奈之下,他想出了这么一个自污以掩人耳目的方法,静观其变。在这三年中,他默默地考察了群臣的忠奸贤愚,也测试了人心所向。他颁布"劝谏者死"的命令,也是为了鉴别哪些是甘冒杀身之险正直敢言的耿介之士，哪些是只会阿谀奉承、只图升官发财的小人。如今，三年过去，他年龄已长、经历已丰、才干已成、人心已明，也就露出了自己的庐山真面目。

于是，楚庄王开始着手整理朝政，"所诛者数百人，所进者数百人"。国人欢悦，楚国大治。楚庄王任命了苏从、伍举等一大批德才兼备的大臣帮助他处理国家大事，颁布了一系列法令，还采取了削弱若敖氏的措施，诛杀了一批罪大恶极的奸臣以安定人心。

从此，这只一鸣惊人的"大鸟"开始励精图治，争霸中原，继齐桓公、晋文公、秦穆公之后，成为新一代霸主。

智谋点评

当天降大任于楚庄王时，也注定一个大国从此崛起。在历代楚王中，楚庄王极富个性，既有刚烈勇猛一面，又有深谋远虑的一面。他在治国的23年中，展示出一代霸主的风采。从即位之初的"无为"到"三年不鸣，一鸣则惊人"的"有为"，无不显示出其智谋与胆识。楚庄王的韬光养晦并非是在受到失败与挫折时才被迫进行的，而是为了更好地掌握未来主动进行的，这尤其需要耐心、修养、智谋和胆识。

卧薪尝胆，勾践忍屈含辱为复国

春秋后期，诸侯争霸的重心转移到了长江下游流域和浙江流域。这里的吴国和越国互不相容，互相攻伐。吴王阖闾当政期间，得到大臣伍子胥和著名军事家孙武的辅佐，国力日益强盛。公元前496年，勾践刚刚即位成为越王，国内局势相当不稳定，吴王阖闾认为有机可乘，大举进攻越国。当时越王新立，部署未定，按照实力和形势分析，吴胜越败是显而易见的事情，谁料战争的结果竟是吴军一败涂地。

战争中，勾践挑选了一批死士，赤裸上身，手执利刃，列成整齐的队伍，一边高喊口号一边挺胸阔步地向吴军阵前推进。吴军被这种气势给镇住了，呆立在那里不知所措。等他们缓过神来，越国的死士们已来到吴军阵前，不是与他们开战，而是一个接一个当着吴军的面刎颈而死。吴军将士被吓得目瞪口呆、胆战心寒，完全失去了抵抗能力。越军趁势排山倒海般冲杀过来，吴军招架不住，一路败退下去。吴王阖闾的右脚也被越军大将灵姑浮的长矛刺中，回国后不久就因伤重而死。

临终前，吴王阖闾嘱托他的儿子夫差一定要灭亡越国，为父报仇。夫差继位后便积极地在太湖训练水军，并在姑苏灵岩山下建立"射棚"，以娴熟战技。他又在自己的寝宫门前设立专人，随时厉声提醒自己："夫差！你忘记越人杀死你父王的仇恨了吗？"每次夫差都敬谨庄肃地回答："不敢忘记！"

公元前494年，率兵北上的勾践与吴国在今天的江苏太湖决战。结果越国大败，勾践率残部逃回了越国。吴王夫差率大军追到越国都城（今绍兴）。勾践被迫求和，向吴国称臣纳贡。

公元前492年5月，勾践采纳大臣范蠡的意见，率妻子和范蠡亲去吴国做人质，伺候夫差。抵达吴都后，夫差有意羞辱他，把他囚禁在阖闾坟前的一个小石屋里守坟喂马，有时夫差骑马出门还故意要他牵马在国人面前走过。勾践忍辱负重，自称贱臣，对吴王执礼极恭，吃粗粮、睡马房、服苦役，胜过夫差手下的仆役。这让夫差大起怜惜之念，以为勾践真正臣服了自己，慢慢放松了对他的警惕。

有一次，夫差病倒了，而且病得很重，感染寒疾三个月未愈，拉出的粪便臭不可闻，就连伺候他的人都不愿意待在跟前。这时勾践前来求见，毛遂自荐道："臣在东海，曾习医理，观人粪便，可知病情。"说完取过夫差的粪便就尝，在嘴里品味了一会儿，然后向夫差恭喜道："大王的病已大为减轻，七天后就会好转！"到期果然痊愈。吴王夫差大为感动，认为勾践已经彻底臣服于吴国，不会再与吴国为敌了，于是摆下酒宴招待勾践，并准备把他放回越国。伍子胥劝谏道："勾践下尝大王之粪，他日一定上食大王之心，大王现在放他回去，无异于放虎归山，将来一定会给吴国带来致命祸患，大王一定要警惕呀！"夫差哪里听得进去忠臣的劝告，不久就将勾践亲自送出城，赦他回国。

勾践回国以后，以文种治国理政，以范蠡整顿军旅。为了牢记战败的耻辱，他将国都迁到会稽，筑城立郭，作为复兴堡垒。他一面奖励农桑，厚植经济基础，一面整军经武，加强雪耻复仇力量。为了时刻牢记在吴国所受的耻辱，勾践一改帝王生活习惯，每日粗茶淡饭，穿粗布衣服，与农民一起劳作。除了亲自耕作，他还命夫人自己纺纱织布。勾践还睡在用柴草铺成的床上，并在床头挂了一枚猪苦胆，每天吃饭和睡觉前都要尝尝苦胆，并告诫自己："勾践，你忘掉亡国的耻辱了吗？"以此刻苦自励、发愤图强。这就是著名的"卧薪尝胆"的故事。

勾践向文种询问对付吴国的办法，文种提出对内积草屯粮、操练兵马，对外使用贿赂、美人计、离间计等七条建议，勾践依计而行。

越国的雪耻计划在七年后已经卓有成效，但是勾践表面上仍然低声下气地讨好吴国。在吴国当人质期间，勾践亲眼目睹了胜利者的堕落。夫差没有了进取之心，只顾贪图享乐，整日与女人嬉戏。于是，勾践就利用了夫差这个弱点。除了春秋两季照例进贡，他还把大批的建材源源不断地从越地运往姑苏，协助吴国建造华丽的宫殿。此外，他命令手下在全国搜罗珠宝美女，送到吴宫，促使吴王夫差在声色犬马中自溺其志。夫差得到西施后，立刻被她天仙般的容貌迷住了，对她宠爱备至、言听计从。

伍子胥明白西施是越国用的美人计，劝吴王远离她，并举出夏桀之于妹喜、殷纣之于妲己的例子。夫差心里很不痛快。西施也暗暗吃惊，觉得此人不除，对越国不利。太宰伯嚭为了当上相国，也对伍子胥怀恨在心。

一天，越国向吴国借粮，这也是文种的计策之一，目的是弄空吴国粮仓。关于借与不借的问题，伍子胥与伯嚭又起了争执。吴王心烦，便离朝回到后宫，向西施说了此事。西施举出当年秦穆公、齐桓公借粮给敌国难民受到好评终成霸业的例子，劝说吴王同意。吴王当即决定借粮给越国。

伯嚭所做的事大多遭到伍子胥的反对，除掉伍子胥的想法更加强烈，于是造出谣言：伍子胥要投降齐国。

吴王得到消息后很生气，也不调查，只派人送给伍子胥一把"属镂"宝剑。辛苦一生帮助吴王奠定基业的伍子胥含泪自刎而死。伯嚭如愿以偿当上了相国。

为了消耗吴国实力，西施劝吴王争夺中原霸主之位。吴王决定进攻齐国。太子友知道，吴国伐齐，越国必会乘机攻吴，便用"螳螂捕蝉，黄雀在后"劝阻吴王。吴王此时哪里肯听，还劳师动众花费大量财力、物力挖掘了中国最早明确记载的运河——邗沟。公元前485年，吴鲁联军通过运河讨伐齐国，这也是中国历史第一次大规模水军作战。

公元前482年，吴、鲁、齐、晋在黄池会盟，尊吴王夫差为霸主。回国的路上，吴王听说越王率军攻吴，太子友已阵亡，他再想调兵遣将已是有心乏力了。此时他才想起伍子胥、太子友平时所说的话，但后悔已来不及了。

万般无奈，吴王夫差派伯嚭备足厚礼向越王求和。

又过了四年，越国大规模进攻吴国，吴国大败。吴王夫差请求讲和，一如当年勾践臣事吴国的往事，勾践想答应吴王。

范蠡说:"会稽的事,是上天把越国赐给吴国,吴国不要。今天是上天把吴国赐给越国了,越国难道可以违背天命吗?再说君王早上朝晚罢朝,还不是因为吴国吗?谋划伐吴已二十二年了,怎么能放弃呢?难道您忘记会稽的苦难了吗?"

勾践说:"我听从您的建议,但我不忍心杀他的使者。"

范蠡就鸣鼓进军,对使者说:"君王已经把政务委托给我了,吴国使者赶快离去,否则将要对不起你了。"

吴王夫差自尽时,遮住自己的面孔说:"我没脸面见到子胥!"越王勾践卧薪尝胆多年,终于灭掉吴国,成为中原霸主。

智谋点评

勾践在失败之后能够时时刻刻牢记自己受过的屈辱,把复仇的强烈欲望深深地埋藏心底。即使沦为吴王夫差的马夫,也能做到不动声色,低眉顺眼,曲意讨得夫差的欢心,甚至不惜用为夫差尝粪便的方式来麻痹他,最终使夫差放松了警惕而放虎归山,其隐忍的功夫何其了得。回国之后,勾践卧薪尝胆,一心复仇。茅屋的薪床何其简陋,床前的苦胆何其苦涩!这是勾践在忍辱负重地等待时机。他休养生息,励精图治,这是在等待中积蓄力量。"苦心人天不负,卧薪尝胆,三千越甲可吞吴。"勾践复国的愿望终于实现,这是他用多年的等待所创造的神话!勾践从一个弱小君王,成为吴国的囚徒,又从一个苟延残喘的囚徒,成为灭吴的大王,其中的艰辛、毅力以及心中那生生不息的信念着实令人叹服,那种忍辱负重的精神更令人无限景仰!

奇货可居，吕不韦豪赌助成王霸之业

在春秋战国时期，争宠嫉才、玩弄权术的阴谋家可谓不少，但是像商人吕不韦那样用经商手段攫取权势，并最终成就王霸之业的，在中国历史上，却是唯一一个。

吕不韦是战国时期卫国濮阳人，原为阳翟（今河南禹州市）的大商人。他在赵都邯郸遇到了在赵国做人质的秦公子异人，便游说华阳夫人，使异人得立为太子，即后来的秦庄襄王。秦王嬴政即位时吕不韦被尊为"仲父"。他召集门客编纂的《吕氏春秋》集阴阳五行家、道家、儒家、兵家、墨家为一体，他也成为杂家的代表人物。秦王亲政后他被迁往蜀都，自杀而死。他既有商人追逐利益的本性，也有政治家的远见卓识。他把自己的商贾巨利押在了一个人身上，结果造就了一个一统天下的伟大帝王。

吕不韦长期在阳翟做生意，并在各诸侯国之间穿梭往来，因为经营有道，赚了不少钱。但那时商人的地位是极其低下的，连耕地的农民都不如，手里钱再多，也经常受人冷遇，被人瞧不起。而吕不韦恰恰又是一个不愿甘居人下，有野心、有抱负的人，于是他用金钱开道，利用一切可以利用的机会，攀附豪门权贵，极力想走入上层社会。不懈的努力使他多少混出了一些名气，但他还是不太满足自己的现状——虽然有了名气，但并不代表身份和地位就改变了，他还是一个身份低微的商人，而这恰恰是他最想改变的。后来，一个大好的机会终于被他捕捉到了，在赵国都城邯郸，他发现了"奇货可居"的秦异人。

异人又名子楚，是当时秦国太子安国君的儿子、秦昭王的孙子。安国君姬妾成群，共有二十多个儿子，但他却偏偏宠爱没有儿子的华阳夫人，把华阳夫人立为正夫人。子楚的母亲叫夏姬，虽然给安国君生了一个儿子，却始终得不到安国君的宠爱，连带着子楚也不被父亲喜爱。当时各国有互换人质的传统，于是安国君把子楚派到赵国做质子。但秦昭王和安国君显然没有把子楚的安危放在心上，屡屡派兵攻打赵国。赵国看子楚这个质子一点儿用处没有，也就不把他当回事。因此，子楚的处境非常困窘，连出行的车马都没有，经济上更是捉襟见肘。虽然他贵为皇子，但日子过得却连一个平民百姓都不如。

邯郸是当时北方最为繁华的大城市，也是赵国的都城。吕不韦正是在一次邯郸之行中邂逅子楚的。

据有关历史资料记载，吕不韦见到子楚并了解清楚他的身份之后，曾与自己的父亲有过这么一番对话。

吕不韦问父亲："种地能赚多少钱？"

父亲估算了一下，回答道："十倍。"

吕不韦又问："贩卖珠宝又能赚多少钱呢？"

父亲又估算了一番，回答道："百倍。"

吕不韦又问："那么，把一个失意的人扶立成一国之君，掌管天下的钱财，又能获利多少？"

父亲闻听之后，惊得目瞪口呆，连忙回答道："这个嘛，实在让我无法估算也无法想象。不过应该有无数倍吧！"

吕不韦听了父亲的话，更加踌躇满志地说："种地和贩卖珠宝之类，只不过能够养家糊口而已，而扶立国君却可以光耀门庭、泽被后世！我认识了一个人，此人奇货可居，我要在他身上投资，豪赌一把。"

于是吕不韦在一番精心筹备之后，登门拜访了秦异人。

关于吕不韦与秦异人的第一次谈判，太史公司马迁先生做了以下精彩的描述：（吕不韦）乃往见子楚，说曰："吾能大子之门。"子楚笑曰："且自大君之门，而乃大吾门！"吕不韦曰："子不知也，吾门待子门而大。"子楚心知所谓，乃引与坐，深语。吕不韦曰："秦王老矣，安国君得为太子。窃闻安国君爱幸华阳夫人，华阳夫人无子，能立适嗣者独华阳夫人耳。今子兄弟二十余人，子又居中，不甚见幸，久质诸侯。即大王薨，安国君立为王，则子毋几得与长子及诸子旦暮在前者争为太子矣。"子楚曰："然。为之奈何？"吕不韦曰："子贫，客于此，非有以奉献于亲及结宾客也。不韦虽贫，请以千金为子西游，事安国君及华阳夫人，立子为适嗣。"子楚乃顿首曰："必如君策，请得分秦国与君共之。"

用现代语言来叙述，他们交谈的情景应该是这样的：简单的一番寒暄之后，吕不韦直接对秦异人说："我能够帮您光耀门楣。"

秦异人一听就气乐了。他虽然穷困潦倒，但王子的身份和天生的贵气还是有的，也许他从心眼里就瞧不上充满铜臭之气的商人吕不韦，进门后连座都没让吕不韦坐，听了他这句话后更是气不打一处来。因此秦异人毫不客气地用鄙夷而略带愠怒的口气耻笑吕不韦说："先生还是先光耀你的门楣之后再来帮我光耀门楣吧！"

但吕不韦是有备而来的，早就做好了碰钉子的心理准备。因此听了秦异人的讽刺之后，他面不改色心不跳地继续说："王子殿下息怒，您可能还没明白我的真实想法和意图，我正是想光耀自己的门楣才来拜访您的，帮您实际上也就是帮我自己。我就是要靠帮您光耀门楣之后，求得自己能够咸鱼翻身。"

这番话才让秦异人不得不对眼前的商人刮目相看，于是忙收敛起对吕不韦的不屑，郑重其事地请他入座。两人开始了改变命运的一番促膝长谈。吕不韦对秦国的形势和秦异人所处的环境进行了一番细致入微的分析，他说："您爷爷秦昭王已经年迈，您父亲安国君身为太子，迟早要做接班人。我听说您父亲最宠爱华阳夫人，但华阳夫人却没有儿子。而要确立下一代接班人，华阳夫人说话又最算数。您想想自己的处境：你们兄弟有二十多个，从长幼来讲，您排行居中，不占什么优势；从嫡庶来看，您又是庶出的，更不占任何优势。您父亲似乎也不大喜欢您，把您派到这里做了这么长时间的质子也不管不顾，这更是对您非常不利的因素。等到您爷爷秦昭王去世、您父亲继位之后，您哪有条件跟那些整天在您父亲跟前的兄弟们竞争太子之位呢？"

秦异人一听就来气了："你今天找我来就是为说这个的？你是来帮我

的还是拿我来寻开心的？你说的这些情况我比谁都了解，还用得着你来提醒我吗？"

吕不韦笑道："您先别急，我这不是帮您改变现状来了吗？"

秦异人道："那你快说说究竟该怎么办吧！"

吕不韦不慌不忙地说："按您现在的情况，像个囚犯一样被羁绊在这里，一贫如洗，穷得叮当响，想孝敬一下父母、结交几个能用得着的朋友都没法办到。但现在的局面离了金钱开路是绝对不行的。我虽然也算不上多么富有，但情况多少比您好一点儿，所以准备亲自到秦国跑一趟，哪怕用尽自己的家产，也要打通您父亲安国君和您嫡母华阳夫人的关节，让他们立您为继承人。"

秦异人一听，感动得热泪盈眶，连忙说："如果先生的话真的能够实现，我一定不辜负先生，让先生和我共同掌管秦国。"

于是吕不韦先拿出五百金供立秦异人的日常开支，让他多结交一些有才能的人士；又拿出五百金购买了奇珍异宝，然后亲自带着这些奇珍异宝西行来到秦国。他先通过各种渠道和华阳夫人的姐姐拉上了关系，然后托她把那些奇珍异宝进献给华阳夫人，并让她在华阳夫人面前说了秦异人的一大堆好话：异人是如何有才有德，是如何礼贤下士，是如何宾客满座、声名远播。最关键的是说异人如何有孝敬之心，如何尊崇敬仰华阳夫人，把华阳夫人看得比天高、比地大，虽身处异地，仍朝夕思念华阳夫人及安国君，以至夜不成寐，日夜泣哭。华阳夫人听了心里非常受用。见华阳夫人对异人有了好感，吕不韦就通过华阳夫人的姐姐继续游说她："虽然现在夫人备受宠爱，但我听说靠美貌受君王宠爱的人，一旦人老珠黄之后就会失宠，再加上夫人没有儿子，等年老之后难免有后顾之忧。不如趁现在早早结交诸王子中既贤明又孝顺的，立为继承人，那就等于是您自己的儿子。安国君百年之后，您所立的太子继位，您就是皇太后，这可是一本万利的生意啊！如果不趁正受恩宠时为自己留好后路，等将来年老失宠后，恐怕连一句话都说不上了。现在异人既有才德又有孝敬之心，他自己也非常清楚自己的处境，既是庶出又排行居中，母亲又不受宠爱，要是按正常程序，无论怎样也轮不到他来当接班人，所以心甘情愿拜于夫人门下。假如夫人能够接纳他，并在适当的时候立他为继承人，他一定终生感激不尽，夫人今生今世的幸福不就有了坚实的保障了吗？"华阳夫人被这些话深深打动了，于是她开始在安国君面前不断地为异人说好话，夸他有能力、有威望，又非常孝顺，身在远地还时时想念父王，凡是跟异人接触过的人没有不夸他的。最后，华阳夫人哭着使出了撒手锏："妾有幸的是和您相亲相爱，不幸的是没有儿子。您要真爱妾身，就请您把异人过继给妾身，立为继子，这样妾身的终身就有所依靠了。"

华阳夫人这番枕边风一吹，安国君哪能不乖乖就范？安国君不仅答应了华阳夫人立异人为子嗣，又送了好多礼物给他，还封吕不韦为异人的老师，专门辅佐他。从此，异人名声日盛，誉满诸侯。吕不韦也常住在邯郸，和异人一起广交天下宾客，等待回国继承王位的那一天。

当时，邯郸是中原地带的首富之区，商贾繁荣，文化也比较发达，笙歌艳舞，日夜不绝。吕不韦在一众如花似玉的名妓中，选中了一个名叫赵姬的女子。她生得袅娜娉婷、楚楚动人，面貌如花、柔情似水。吕不韦遂斥巨资为她赎身，纳其做妾。

不久，赵姬怀孕，吕不韦大喜："天助我也！"

过了几天，吕不韦邀请异人到自己府中饮宴，赵姬在一旁陪侍。异人正值青春年华，兼之在赵国孤身独处，见有美女侍宴，且生得楚楚婷婷、风姿袅袅，不由得心旌摇荡、神魂颠倒。

有美女作陪，加上喝多了酒，异人难以控制自己，情不自禁地上前将赵姬搂住。吕不韦见状怒不可遏，喝道："岂有此理！我以诚心相待，欲救你于水火，你竟敢调戏我的爱姬，太不够朋友了！"

异人吓得顿时酒醒了，浑身颤抖着跪下求饶。吕不韦随即笑道："我与你多时交好，我为你的事竭尽心力，好不容易扶持你成为太子，未来的秦国将由你主宰。如今大业未举，你尚未脱出囹圄，还是人家的笼中之鸟、网内之鱼，唉！你太令人失望了！"

异人吓得跪在地上直磕首，说自己斗胆冒犯，一时冲动，望求宽恕。

"好吧，起来！你既看中了赵姬，我就把她送给你了！"

异人一听，欣喜若狂。他又迫不及待地向赵姬表明心迹："承蒙吕先生成全我，请你放心，我异人此生决不负你！"

这是公元前260年的事。第二年正月，赵姬在赵国邯郸生下了一个男婴，因正月生于赵国，取名赵正。回秦国后改名嬴政，就是后来的秦始皇。

公元前251年，秦昭王病殁，安国君正式嗣位，为秦孝文王。华阳夫人为王后，异人为太子。赵姬则名正言顺地做了太子妃。

秦孝文王即位才一年就因病去世了，当时三十二岁的异人做了秦国国君，是为秦庄襄王。异人立嬴政为太子，命吕不韦为相国，并加封他为文信侯。秦庄襄王在位三年而崩，新王嬴政（即后来的秦始皇）继位时年仅十三岁，秦国国事由吕不韦一手把持，嬴政还称吕不韦为"仲父"，吕不韦的权势达到了顶峰。

智谋点评

在秦异人潦倒落魄的情况下，吕不韦一见到他，马上断定此人"奇货可居"，并决定在此人身上豪赌一把，真不愧为一位独具慧眼的鉴赏家，其眼光和见识非一般人可比。他不惜花费重金资助异人，又利用自己的如簧巧舌，通过说服华阳夫人的姐姐，最终取得秦昭王的同意，让异人顺利回国，为异人以后当太子、做秦王铺平了道路。从这一点儿来说，吕不韦又是一位工于谋略的阴谋家、高瞻远瞩的政治家。

抢占先机，曹操"挟天子以令诸侯"

东汉末年，各诸侯在进行军事斗争的同时，也展开了挟持汉献帝的角逐。董卓等人挟持天子败亡以后，曹操奉迎汉献帝迁都许昌，获得了"挟天子以令诸侯"的优势地位。曹操的这一举措使他获得了巨大的政治利益。

汉献帝刘协从登基即位的那一天起，就只有皇帝之名而无皇帝之实。他先是被董卓挟持到了长安（公元190年2月），处境非常恶劣。后来王允和吕布合谋消灭了董卓，李傕和郭汜杀回了长安，汉献帝又落入了他们的手中。

公元195年2月，李、郭两人内讧火并，长安大乱，汉献帝又被杨奉等人带到了洛阳，而那时的洛阳已经很破败了。

汉献帝虽是个名存实亡的傀儡，但在汉末天下分崩的形势下，依然是最高权力的象征。当时，从中央到地方的臣僚，拥护汉室正统的观念还很强。所以，有头脑、有远见的政治家都想把汉献帝抓到手。

对于汉献帝的仓皇东归，袁绍和曹操都表示了关注，但最终却做出了不同的反应。当汉献帝刚渡过黄河踏上归途时，袁绍的谋士沮授就劝袁绍把汉献帝接至邺城，以后就可以"挟天子而令诸侯"。然而，目光短浅的袁绍拒绝了沮授的良策。在决定是否迎纳汉献帝这一至关重大的问题上，袁绍的确像荀彧说的那样"迟重少决，失在后机"，暴露了"志大而智少，色厉而胆薄"、多谋少决、优柔寡断的致命弱点。拒绝了沮授的建议，也就丧失了迎纳汉献帝的主动权。可见袁绍根本不是个优秀的政治家，空有雄兵猛将，却不懂军事不过是政治的工具，最后难免失败。

沮授"若不早图，必有先人者也"的警告和预言算说准了，这个"先人者"恰恰就是袁绍的对头和克星曹操。

曹操在挟持汉献帝这方面是早有此识。初平二年（公元191年），曹操做东郡太守不久，皇室宗亲刘邈在汉献帝面前称赞曹操忠诚，曹操为此十分感激。初平三年（公元192年），治中从事毛玠向他建议"奉天子以令不臣"，他觉得说到了点子上。

汉献帝东迁后，曹操觉得机会来了。当时宫中食用困乏，曹操便经常向汉献帝进献食品和器物。汉献帝还在洛阳时，曹操就曾向他进献过帐篷两顶，丝线十斤，山阳郡所产的甜梨两箱、稗枣两箱。汉献帝到许都后，曹操更是经常进献，其中有汉桓帝赐给他祖父曹腾的家藏器物，也有属下陆续搜寻到的一些宫中流失的器物。

迎接汉献帝来许昌，是曹操的另一个杰作。曹操的重要谋臣荀彧向曹操建议"奉迎天子都许（许昌）"，并向他陈述了挟持汉献帝的诸多好处："奉迎天子是顺从民望、制伏雄杰之举，若不早定，后悔不及。"曹操就借口京都无粮，要送汉献帝到鲁阳就食，派人把汉献帝接到许昌，改元建安。汉献帝从此就成为曹操手中的傀儡了。

这件事处置得实在果决、漂亮，充分显示出曹操"能断大事，应变无方"和"谋胜"于人的卓越才能，在当时引起了强烈的社会反响。尤其是袁绍在得知汉献帝被曹操奉迎到许昌后，后悔不迭，于是穷思竭虑，又想出了补救办法：以盟主身份，借口"许下埤湿，洛阳残破，宜徙都鄄城"，令曹操把汉献帝迁到鄄城以自密近，便于得机将其控制在自己手上。

曹操根本不买账，转请汉献帝发下一道诏书责备袁绍，言其"地广兵多，而专自树党，不闻勤王之师，但擅相讨伐"，迫使袁绍上书陈述一番。

曹操对汉献帝的物质保障和适度尊重，果然得到了他所期待的巨大回报。献帝授给曹操节钺、录尚书事，任司隶校尉，迁都许昌后，又任命他为大将军，获得了高出所有文臣武将的地位。

汉献帝在许都虽然衣食无忧，却也无所事事。虽然贵为天子，曹操也还算尊重自己，但他时时感觉到一种无形的压力，这种压力来自曹操不断地诛除公卿大臣，不断地集军政大权于一身。建安元年（公元196年）八月，曹操进驻洛阳，立刻趁张杨、杨奉兵众在外，赶跑了韩暹。接着做了三件事：

杀侍中台崇、尚书冯硕等,谓"讨有罪";封董承、伏完等,谓"赏有功";追赐射声校尉沮俊,谓"矜死节"。然后趁他人尚未来得及反应的情况下,迁帝都于许昌,使皇帝摆脱其他势力的控制。此后,他还加紧步伐剪除异己,巩固自己的权势。他首先向最有影响力的三公发难,罢免太尉杨彪、司空张喜;其次诛杀议郎赵彦;再次是发兵征讨杨奉,解除近兵之忧。接着,他一方面以天子名义谴责袁绍,打击其气焰,另一方面将大将军让予袁绍,稳定大敌。最后以汉献帝的名义发布诏书,号召天下各路诸侯讨伐袁绍,终于在官渡之战中打败了袁绍,消灭了最大的竞争对手,奠定了中原霸主的地位。

谋略点评

汉献帝虽然有名无实,但他毕竟是国家最高权力的象征,谁掌握了他,谁就能以皇帝的名义向其他地方割据政权发号施令。这个道理虽然简单,真正明白的人却不多,袁绍就不懂。丧失了汉献帝这张王牌,袁绍才会处处受制于曹操。而曹操正是凭借"挟天子以令诸侯"占得先机,夺取政治、军事上的主动权,并最终掌握了天下大权,从群雄中脱颖而出。在这方面,曹操显露出了身为政治家、军事家非凡的雄才大略。

深藏不露，司马懿"装疯卖傻"积蓄力量

东汉末年，群雄并起。曹操"挟天子以令诸侯"，先后消灭了吕布、袁绍、马腾等势力，逐步统一了中国北方。为争取世家大族的支持，他招贤纳士，征聘地方名士出来做官。很多名士都积极响应，归顺在他的帐下。但在征聘司马懿时，曹操却遇到了麻烦。

司马懿（179年—251年）是河内郡温县（今河南温县）人，祖上许多人都做过西汉的大官，是有名的望族。司马懿年轻时就已经显露出非凡的才干。冀州别驾崔琰非常欣赏他，对其兄司马朗说："令弟聪明果断，有胆识，有才干，非您所及呀！"曹操当时刚打败袁绍，急需人才，听说司马懿有才干，便征聘他出来做官。司马懿得知消息后，一时拿不定主意。他知道曹操是个英雄，将来很可能扫平天下，但他又觉得曹操是个宦官之后，出身低微，自己乃名门之后，实在不愿意屈节侍奉他，考虑再三，决定再观望一下。但他不敢公开拒绝曹操，便假说自己患有风痹症，起居不便，不能出来做官。

曹操向来机警，马上怀疑司马懿是有意推托，于是秘密派人在夜间前去察看。司马懿事先得知消息，整日整夜都躺在床上。夜深人静时，那人悄悄地潜入司马懿室内，果然见他直挺挺地躺在床上。那人仍不放心，挥刀向司马懿砍去。眼见利刀夺命，司马懿只是睁大眼睛看着那人，身体依然僵卧不动。那人这才相信司马懿果然患了风痹症，收起佩刀，回去禀报了曹操。要司马懿做官的事，这才暂且搁在一边。

有一天，司马懿发现家中的藏书发霉了，就叫人把它们摊在庭院里晾一晾。不料突然乌云密布，大雨倾泻而下。司马懿惜书心切，一时忘了自己还在装病，慌忙从床上跳下来，手忙脚乱去抢收书籍，不巧被家中一个

婢女看到了。司马懿的夫人张春华怕这件事透露出去会招来大祸，一狠心，亲手把那个婢女杀了。

公元208年，曹操当了丞相。他急于网罗人才，又想起了司马懿，决定再次征聘他。世间没有不透风的墙，曹操多少也听到一些司马懿装病的风声。这次他决心不再让司马懿愚弄了。他对使者说，如果司马懿再不应召，就把他抓起来。

司马懿知道，曹操虽然爱才，但对于恃才傲物、不肯亲附于他的人，却是不能容忍的。孔子二十世孙、大名士孔融因为瞧不起曹操，就被他以"违反天道、败伦乱礼"的罪名处死；以家世文才自傲的杨修，也因"恃旧不虔"而被曹操处死。司马懿害怕被杀，只得乖乖地离家应召。

司马懿应召后，被任命为丞相府的文学掾。司马懿亲眼看到曹操有非凡的军事、政治才能，并且拥有异常雄厚的实力，他也就发挥自己的才智，努力做好与自己职责相关的事情，所以深得曹操的赏识。不久，曹操任命他担任总管相府一切事务的主簿，并让他和其子曹丕游处。司马懿和曹丕相处很好，私交甚厚，深为曹丕所倚重。

司马懿的才能在曹操在世时就已显露出来。他根据当时战争的需要，建议曹操改变屯田的方式，实行"且屯且守"的军屯。曹操采纳他的建议以后，屯田取得了很大的成效，"务农积谷，国用丰赡"。公元219年，蜀将关羽围攻襄樊，水淹七军，威震华夏。曹操欲迁都以避其锋。司马懿认真分析了吴蜀联盟的矛盾，认为"刘备与孙权，外亲而内疏。关羽之得意，是孙权所不愿看到的。"他建议派使者联络孙权，请其抄关羽后路，樊城之围自然可解。曹操采纳了他的建议，马上派使者前往东吴，请孙权袭击关羽后路。果然不出司马懿所料，孙权派大将吕蒙偷袭关羽，关羽被迫败走麦城，为孙权擒杀。

曹操虽然很赏识司马懿的才干，却并不信任他。司马懿"内忌而外宽，猜忌多权变"。曹操觉察到他有雄豪之志，不禁深感忧虑。据说，曹操曾"梦三马同食一槽"。有人为曹操解梦：槽即曹氏，马即司马氏，食槽则预示着司马氏将侵夺曹氏政权。因此，曹操对司马懿甚为反感，每欲加害。他曾对其子曹丕说:"司马懿非人臣也,将来一定会干预你的家事。"然而,曹丕与司马懿的关系甚好,并未把父亲的告诫当回事。他对司马懿总是多方保护,才免其被害。

司马懿看出曹操对他多有疑虑,于是做出满足现状之态。曹操对其功高不赏,他毫无怨言。虽然官位很低,他还是勤奋工作,好像对权势漠不关心。司马懿的韬光养晦之策,蒙骗了老奸巨猾的曹操。曹操见他素无野心,也就消除了对他的怀疑和警惕。

曹操晋封为魏王后,在公元220年病死,他的长子曹丕继位为魏王。同年秋,汉献帝刘协被迫禅让帝位,曹丕做了皇帝,就是魏文帝。

曹丕称帝后,司马懿的地位逐渐提高,官至抚军大将军、录尚书事,参与了曹魏统治集团重大方针政策的制定和执行,成为曹丕的重臣。公元226年,曹丕去世。按照他的遗诏,由司马懿和曹休、曹真、陈群等辅政,太子曹睿继位,史称魏明帝。魏明帝封司马懿为舞阳侯,后又授骠骑大将军。公元231年曹真死后,司马懿总管军事,同东吴、蜀汉对峙。他老谋深算,深谙用兵之道,连智谋过人的诸葛亮也对他无可奈何。他所采取的拖延战术成功地遏制了蜀汉的进攻,致使诸葛亮北伐中原接连失利,含恨病死五丈原。东吴的孙权对他的顾忌更大,曾对人说:"司马懿用兵,可谓变化若神,所向无敌。"在频繁的用兵之中,司马懿逐渐掌握了曹魏的兵权,成为最有权势的大臣。这时曹魏政权日益腐朽,魏明帝大修宫殿,广建园苑,频繁役使民力,致使农桑失业,国库空虚,加剧了阶级矛盾和统治集团内部矛盾。这样,就为司马懿控制曹魏政权创造了有利条件。

公元237年,割据辽东(今辽宁西部大凌河中游地区)的公孙渊叛魏,自立为燕王。次年,司马懿奉命率四十万大军远征,历尽艰险,平定辽东。公元239年正月,他胜利班师,军至河内(今河南泌阳)时,遇到了皇帝派来的特使,要他火速赶回京师。司马懿疑京师有变,快马加鞭,疾趋入朝,直奔内宫。原来,魏明帝自上月病重,此时已在垂危之际。见到司马懿,魏明帝拉着他的手说:"我病得很厉害,把后事托付给你,希望你和曹爽一起辅佐幼主。我还能见到你,没有什么不放心的了。"说着,魏明帝让八岁的儿子曹芳和司马懿相认，并让曹芳抱着司马懿的脖子和他亲近。司马懿急忙跪下磕头，表示效忠幼主。魏明帝当天就咽了气。曹芳继位，由曹爽和司马懿共同辅佐。二人共同执掌朝廷大权，官位同样是侍中、都督中外诸军事、录尚书事，每人各领兵三千，轮流护卫皇宫。

曹爽是曹真的儿子，与司马懿的精明能干、富于谋略相反，是个毫无政治、军事才能的庸才。当中书监刘放等人推荐曹爽辅佐朝政时，魏明帝问他："你能担当这个重任吗？"曹爽不知如何回答，急得满头大汗。后经刘放在旁边轻声提示，才回答了一句："臣愿以死报效国家。"就是这样一个庸才，却与何晏等人结成死党，组成以曹爽为首的政治集团。何晏崇尚玄学，与邓飏、李胜、丁谧、毕轨等都是有声望的名士。魏明帝生前"以其浮华，皆抑黜之"，曹爽掌权后，把他们引为心腹，委以重任。何晏等人怂恿曹爽排斥司马懿，独揽朝廷大权。他们经过一番策划，于公元239年2月以小皇帝曹芳的名义颁发诏书，提升司马懿为太傅。太傅是皇帝的老师，品位尊贵，但无实权。这实际是给司马懿一个虚名，剥夺了他的实权。与此同时，曹爽以何晏、邓飏和丁谧为处理朝廷政务的尚书，毕轨为管理京师及其周围地区的司隶校尉，李胜为河南尹。曹爽的几个弟弟或是统率禁军，抓住兵权，或是以列侯侍从皇帝，出入禁中。这样，曹爽一伙就完全排斥了司马懿，独揽了军政大权。

起初，曹爽因司马懿德高望重，对其非常尊敬，遇事经常请教，不敢过分专行。自从何晏、邓飏、丁谧等人弄权以后，他们表面上还客客气气，处理政务却不再找司马懿商量，双方的隔阂也日渐加深。面对这种形势，司马懿极为不满，但一时又无能为力。为了等待时机、聚集力量，以剪除曹爽集团，他做了暂时的退让。公元247年5月，司马懿上书曹芳，请求告老养病。获准后，他一面在家装病，一面暗地联络心腹，以待时机。

对司马懿的告老还家，曹爽并不放心。这一年冬天，曹爽的心腹李胜由河南尹调任荆州刺史。曹爽便让他以告辞为名，前去察看司马懿的动静。司马懿得知李胜要来，便将计就计，披头散发躺在床上，装出重病的样子。

李胜来后，司马懿让两个婢女扶着出来，有气无力地倚坐在床上接见客人。在同李胜谈话时，他有意装聋作哑，说话显得语无伦次。婢女侍候他穿衣服，他哆哆嗦嗦地抓不住，衣服也掉在地上；婢女服侍他喝粥，只见他难以下咽，粥都从嘴边流了下来，洒满前胸。

李胜说："当今主上尚幼，天下恃赖明公。听说明公的旧病复发，没想到如此严重。如今我承蒙皇恩，回本州（李胜是荆州人，所以称荆州为本州）任刺史，特来向您告辞。"

司马懿故作气喘吁吁状，说："我年老病重，死在旦夕。你去并州，并州靠近胡地，可要好好防范。恐怕我们再不能相见了。"

李胜纠正道："我是回本州，不是去并州。"

司马懿又假装糊涂，说："您要到并州，请努力自爱。"

李胜又重复一遍："我是回荆州，不是去并州！"

司马懿装作刚刚明白的样子，说："我年老糊涂，没有听懂您的话。您调回荆州，正是建功立业的好机会。"

最后，司马懿装作推心置腹的样子拜托李胜，请李胜好好照顾他的儿子司马师和司马昭。

司马懿这场表演非常出色，李胜竟信以为真。他回去将其所见所闻详告曹爽，并说："司马公言语错乱，口不摄杯，指南为北，已经形神离散，不过是一具尚有余气的尸体，不足为虑了。"

曹爽等人听后非常高兴，更加肆无忌惮了。

他们做梦也未曾想到，"重病在身"的司马懿正在紧锣密鼓地策划着一场政变。

司马懿迷惑了曹爽集团后，便积极进行政变的准备工作。当时司马懿的长子司马师任中护军，统领着一部分京师禁卫军，但他觉得力量不够，于是暗中结纳、蓄养心腹死士三千人，分布在洛阳城中，准备随时集中使用。司马懿还看到，曹爽集团的独断专权也引起一些大臣的不满，于是又暗中联络太尉蒋济等人，得到了他们的支持。

司马懿的行动非常机密，具体行动计划只和长子司马师商量策划。发动政变的前一天晚上，他才告诉次子司马昭。当夜，司马懿对身边的随从说：“这兄弟俩身体不好，你去看看他们睡得怎么样。"那随从看后回报说：“大公子睡得又香又甜，二公子不知有什么事牵肠挂肚，翻来覆去睡不好。”

公元249年正月初六，曹爽兄弟按照早已安排好的日程，陪伴魏帝曹芳到洛阳城南九十里的高平陵（魏明帝陵墓）去祭祀。过去，曹爽兄弟多次一起出城游玩，其同乡、大司徒桓范曾规劝过他：“总理万机和统率禁军的人，不应一起出游。倘若有人关闭城门，谁来接应你们进城呢？"但曹爽不以为然，并自信地说：“谁敢这样做！"结果，不幸被桓范言中。趁这次曹爽外出，司马懿看准时机，以迅雷不及掩耳之势发动了政变。

这天，曹爽兄弟出城后，司马懿便假借皇太后的名义，精神抖擞地在城内指挥政变。三千多名死士像从地下冒出来似的集结起来。司马懿命令司徒高柔行大将军事，占据曹爽军营；太仆王观行中领军事，占据曹爽弟曹羲军营。这样，便接管了曹爽兄弟手中的武装力量。同时，司马懿下令关闭洛阳城的所有城门，占领武器库，然后亲率大军占据洛水浮桥，切断了曹爽等人的归路。

一切准备妥当后，司马懿上书魏帝曹芳，奏疏历数曹爽等人的罪恶，说他们有"无君之心"，要求罢免曹爽兄弟的兵权。曹爽先看了奏疏，不敢送给曹芳，惶惶然不知如何是好。他手下的人征发了在附近屯田的几千名士兵，砍伐树木做防御工事，皇帝的车驾也滞留在伊水南岸。司马懿接连派侍中许允、尚书陈泰等人劝说曹爽：只要罢兵息甲，交出兵权，仍可回归府第，保留爵位。他还指着洛水发誓，表示决不食言。太尉蒋济也写信劝说曹爽投降。

司马懿起兵时，曾以皇太后的名义征召桓范，想让他代行中领军职。桓范打算应召，其子劝止说：“皇帝在城外，不如出城。"桓范遂不应召。他行至平昌城门，城门已闭。守门将领司蕃是桓范过去的部下，桓范举起手板对他说：“皇帝有诏书征召我，你赶快给我开门。"司蕃要求看诏书，桓范呵斥道：“你不是我过去的部下吗？怎么敢这样对待我！"司蕃不得已打开城门，放他出城。桓范出城后，回头对司蕃说：“太傅想造反，你赶快跟我走！"司蕃追之不及，只好眼睁睁看着他走了。

桓范很有谋略，是当时有名的智囊。司马懿听说他跑了，不免有些担忧，对蒋济说："这智囊投到那边去了，怎么办？"蒋济笑着说："桓范虽然很有智慧，但曹爽优柔寡断，必然不会采纳他的计谋。这就像跑不快的马儿贪恋马槽里的饲料一样，曹爽留恋的只是自己的家业。"

事态的发展果然如蒋济所料。桓范见曹爽垂头丧气的样子，便拼命给他打气，希望他振作精神，与司马懿一决雌雄。他劝说曹爽兄弟把皇帝迁到许昌，调外地军队和司马懿作战。曹爽犹豫不决。

桓范又劝说曹羲："这事再明白不过了。你读那么多书是为了什么呢？如今像你们这样的人家，想过贫贱的日子都办不到。匹夫被劫持，尚欲活命；你们与天子相随，发令于天下，谁敢不应从！"曹羲也拿不定主意。

桓范又说："你们还有军队在附近，招之即来。从这里到许昌，不过一宿的时间。许昌有武库，可以装备军队。所担忧的只是粮食，但大司农的官印在我身边，调集军粮也不成问题。"

就这样，桓范从入夜劝到五更天，说得口干舌燥，曹氏兄弟只是默默不从，始终鼓不起劲来。

拂晓时分，远方传来阵阵鸡鸣，曹爽似乎拿定了主意。他把佩刀往地上一扔，说道："司马懿无非是想夺去我的兵权罢了。我交出兵权，以侯爵身份卸职在家，依旧不失为一个富翁！"

桓范一听这话，放声大哭道："曹子丹（曹真字子丹）多么出色的人才，怎么生下你这么一个儿子，真是蠢如猪狗！我们这些人都要受你牵连而灭族了。"

曹爽交出兵权后，就被软禁起来。司马懿派兵将其住宅团团围住，并在四角搭起高楼，令人在楼上监视曹爽兄弟的举动。一天，曹爽心中愁闷，便拿着弹弓到后园打鸟。楼上守兵望见，纷纷呼喊："故大将军东南行！"吓得曹爽慌忙回到室内。曹爽不知司马懿将如何处置他，便写信给司马懿，说家中缺粮，想以此试探一下自己的命运。司马懿接到信后，派人送去一百斛大米，还有些干肉、大豆等。曹爽兄弟饿不着，又痴心妄想起来：

以后只要不死，总会有出头之日。他们哪里知道，司马懿正在搜罗他们的罪状，必欲置之死地而后快。

不久，过去同曹爽来往密切的宫内黄门官张当被捕。在严刑拷问下，张当供称曹爽与何晏等人预谋在三月造反，于是立即来了一个大逮捕。曹爽兄弟和何晏、邓飏、丁谧、毕轨、李胜、桓范等都被捕下狱，连同张当一起，以大逆不道的罪名处斩，并被夷三族（父族、母族、妻族），甚至已出嫁的女眷也没能幸免。经过这次政变，曹魏的军政大权全部落在司马氏手中，魏帝曹芳只能唯命是从。

司马氏在政变后独掌曹魏大权，引起一部分人的不满，出现了一些反司马氏的活动。公元251年，太尉王陵在扬州发难，阴谋推翻司马懿，废魏帝曹芳，立楚王曹彪为帝。因计谋泄露，被司马懿先发制人，迅速平定。王陵、曹彪先后自杀，凡和这个案件有牵连的人都被夷三族。此后，曹魏的宗室都被迫迁居于洛阳城内，不准相互往来，不准自由进出，完全被置于监视之下。

公元251年秋，司马懿以七十三岁高龄病逝。其子司马师、司马昭相继执政。他们连续打败政敌，进一步巩固了司马氏家族的势力，为西晋代魏奠定了基础。

智谋点评

司马懿是一位老谋深算、野心勃勃的政治家。他"深明天文，熟谙韬略，善晓兵机，常有一匡天下之心"，却一直深藏不露、隐忍不发。他在曹魏历事四代君主，三为顾命大臣，最终独掌曹魏大权，这是历经几十年的岁月慢慢熬出来的。他韬光养晦，忍辱负重，是一位城府极深的人物。司马懿诈病是手段，等待时机是目的。时机一到，在曹爽最容易麻痹的时候，他就乘势而发，一举成功。可见，时机最为关键，时机不到，成功就没有把握。所以要等待时机，而且要耐心等待。司马懿就具有这个耐力，而且耐力不同寻常。他甚至在曹爽这种不堪一击的"鼠辈"面前做到忍辱负重、装疯卖傻，最终达到了自己的目的。

顺势而动，赵匡胤陈桥驿黄袍加身

显德元年（公元954年），周太祖病死，柴荣继位，也就是周世宗。这时，北汉刘崇联合辽国大举进攻后周，周世宗调兵遣将，御驾亲征，赵匡胤随同出征。双方在山西高平展开激战。战斗开始不久，后周大将樊爱能、何徽等人临阵怯场，自乱阵脚，周军呈现溃败之势，而周世宗身边只有赵匡胤和另一个将军张永德所率领的亲兵四千人。

在这危急之时，赵匡胤却表现得镇定自若，建议周世宗兵分两路夹击辽军，周世宗觉得这是一个非常好的缓兵之计，也就同意了。于是，赵匡胤和张永德领兵直扑敌军，赵匡胤高喊"为主效忠"的口号，士气大振。后周的增援部队及时赶到，投入战斗，周世宗终于打败汉辽联军。

在这次战役中，众兵将纷纷退却的时候，由于赵匡胤迎难而上，后周部队才大获全胜。所以，等后周部队班师回京后，赵匡胤因高平之战的出色表现成为禁军的高级将领，还被周世宗委以整顿禁军的重任。赵匡胤出色地完成了这项任务，增强了士兵的战斗力，使后周军队的面貌大大改观。而周世宗对于赵匡胤的才能也更加看重和欣赏。

除此之外，更为重要的是，赵匡胤在整顿军队的过程中，逐渐在禁军中形成自己的势力。他结交禁军高级将领，其中石守信、王审琦、杨光义、李继勋、王政忠、刘庆义、刘守忠、刘延让、韩重赟与赵匡胤结为"义社十兄弟"。在这之后的几年里，赵匡胤又陆续将自己的心腹罗彦环、田重进、潘美、米信、张琼和王彦升等人安排到禁军中担任各级将领，进而从上而下控制了禁军。此外，赵匡胤还网罗人才组成自己的智囊团。他帐下有大批谋士，如赵普、吕余庆、沈义伦、李处耘和楚昭辅等人，后来还有他的弟弟赵匡义，都成了他日后成就大事的法宝。

赵匡胤早年的生活充满磨难，但是之后他利用自己的智慧获得了很多好的机会。后周显德六年（公元959年），世宗柴荣得了重病，知道自己将不久于人世，就封符氏所生的第四子宗训为梁王，领左卫上将军。两天后，世宗觉得病势稍有减退，就从囊中取出文书，正准备批阅，忽然发现旁边有一方直木，长不过三尺，上刻"点检作天子"五个字，非常惊讶，心中暗暗思忖："从前石敬瑭是后唐明宗的女婿，结果篡唐为后晋，如今的点检是张永德，也是娶长公主为妻，莫非永德也要篡我家天下？"

想到这里，世宗不禁满腹狐疑，以致病情增剧，便急忙传旨，免去张永德点检官职，改任校检太尉，授赵匡胤为殿前都点检。他又册封符氏为继后，传位于梁王宗训。命范质等善辅储君，诏翰林学士王著为相。由此，命运再次垂青赵匡胤，让他向更高的地位前进了一大步。

安排好这些事情后，周世宗于显德六年病逝于滋德殿，享年三十九岁。文武百官拥七岁的恭帝柴宗训即位。恭帝传旨，尊符皇后为皇太后，垂帘听政；改赵匡胤为归德节度使，仍兼殿前都点检，以慕容延钊为副都点检。

得到这样的职务，赵匡胤不禁暗自高兴，因为他与慕容延钊本是莫逆之交，这回又同值殿廷，更是格外亲密，两个人常常在一起秘密商议事情，连左右的人都不知他们密议的是什么。一时间，虽有人怀疑他们之间的关系，但是也找不到任何把柄，也就作罢了。

第二年正月初一，群臣正在朝贺元旦，突然接报辽兵与北汉合兵南下，请朝廷速发兵前去防边御寇。当时的恭帝年幼无知，不懂军国大事，而刚上位不久的符太后也慌得没了主意。于是，由范质奏请以都点检赵匡胤为帅，副都点检慕容延钊为先锋，会集诸镇将士，统兵北征。符太后对军事一无所知，更不懂得用兵之道，也就准许了。于是，赵匡胤奉了诏旨，即令慕容延钊领前军先行，自己调集石守信、高怀德、王审琦、张令铎、张光翰、赵彦徽等各镇将领齐聚汴京城外陈桥驿。

陈桥驿四周已经扎下成千上万个营寨，兵士各归部伍，整装待发。此时，赵匡胤麾下亲吏楚昭辅办完了庶务，走出营地来闲散。只见前军散骑指挥苗训正独自站在营外，举头望着天空，好像是发现了什么，在那里凝思。当时的人称苗训为苗先生，以通晓天文名噪一时。楚昭辅见了他，便走过去打个招呼，说："苗先生在此静观什么？"苗训见是楚昭辅，回答说："你想知道我观测的事物吗？你是点检亲人，说也不妨。"

于是，苗先生一边指着将要沉落的斜日一边说："你看，太阳下面是不是还有一个太阳？"楚昭辅顺着苗训手势极目远望，果然太阳下面还有一个太阳，过了一会儿，一个太阳西沉，另一个太阳独放光彩。楚昭辅惊奇地问："这是吉祥之兆，还是不祥之征？"苗训说："这个征兆是天命。先沉没的太阳，应在当今幼帝；言显之日，应在我们点检。这在幼帝一方，是不祥之征；在点检一方，则是吉祥之兆。"楚昭辅又问他："那这征兆什么时候能应验呢？"苗训说："上天已经给了我们这样的征召，当然是现在就能应验。"

等到夜幕降临的时候，他们两个人各自回到自己的营帐。楚昭辅很快就把刚才所闻之事转告别人，不料竟一传十十传百，一夜之间全军皆知。大家议论纷纷，认为是天大的喜事。这时，江宁节度使高怀德也在聚集众将说："主上幼弱，又无明辅，我们出生入死立下汗马功劳，有哪个晓得？不如顺应天意立点检做天子！"众将听了都表示赞成，不约而同地找赵匡义商议。赵匡义听了大家的倡议，摇了摇头说："我兄素来忠义，恐未必允从。"话音刚落，掌书记赵普匆匆进帐告诉赵匡义："我正为此事而来。现各营军士齐集营门，军心民心可见，只要一入汴京，大事唾手可定。速乘今夜如此这般预备，点检不允也不行了。"诸将向各营宣布了所定计划，军士欢声雷动，尽愿点检速为天子，直逼赵匡胤营帐，齐呼万岁。当下推赵匡义入帐，让赵匡胤接受天子的职位。

赵匡胤夜里酒醉而卧，一觉醒来，听得外面人声嘈杂。赵普、赵匡义开门入告，将士们随后敲门高呼："诸军无主，愿拥点检为天子。"赵匡胤惊起披衣，未及应酬，便被扶到议事厅，几个人把早已准备好的一件黄袍七手八脚地披在他身上。大伙都跪倒叩首，高呼"万岁"，接着又推又拉，把赵匡胤扶上了马，请他一起回京城。

赵匡胤骑在马上，才开口说："你们贪图富贵，立我为天子。我有号令，你们能听从吗？听我的号令，我可以当这个天子，否则，断难从命！"

众将一听，纷纷滚鞍下马，齐声说道："一定听从您的号令，绝不敢有所违背。"赵匡胤顿时被这个阵势给惊呆了，他看了看众将，为难地说："我受世宗厚恩，今尸骨未寒，而即背之，天下人该怎么说我呢？"赵普进言说："明公再推让，恐上违天命、下失人心了。欲报世宗，只要礼待幼主，优遇故后，使之安乐就是了。"

赵匡胤听了这话还想说什么，但是诸将已拥着他上马，不由分说，向汴京出发。赵匡胤不得已，揽辔对诸将说："我有号令，你等能遵依而行，我就返汴京，否则宁死不去！"赵匡胤本来就是禁军统帅，再加上有将领们拥护，谁敢不听号令！于是，赵匡胤派潘美与楚昭辅先行，加鞭疾驰，去授意宰辅，并且把自己的家人给安顿好。

一切准备停当后，赵匡胤立即整饬军队回京。这时，早已等候多时的石守信和王审琦打开城门迎接新皇帝。赵匡胤在众人配合下迅速控制了整个局势。正在早朝的后周大臣们得知兵变消息，个个大惊失色，手足无措。宰相范质握着王溥双手，悔恨不该仓促出兵，直握得王溥双手几乎出血。只有大臣韩通从朝中回家，企图组织抵抗。但刚进家门，他便被赵匡胤的部将王彦升给杀了。当时的形势没有人能够挽回了。

此后，京中也乱作一团，将士们冲进朝堂，逼迫范质、王溥等人来到都点检衙门。赵匡胤见到他们，假装伤心不已，说他受先皇厚恩，今日为将士们所逼，到了这般地步，实在惭愧。范质正想答话，军校罗彦环持剑上前，厉声喝道："我辈无主，今日必得天子。"范质等人面面相觑，深知已无回天之力，只得一齐跪拜在地，齐呼"万岁"。

赵匡胤见众官已被收服，心中暗暗高兴，立即赶往皇宫，迫周恭帝逊位。文武百官都到了之后，发现尚未制定禅位诏书。正在此时，翰林学士陶谷拿出早已准备好的诏书念给百官听。于是，赵匡胤换上龙袍，接受群臣朝贺，正式登基为帝。由于其所领归德军在宋州（河南商丘），于是定国号为"宋"，改元建隆，定都汴京（河南开封）。赵匡胤就是历史上大名鼎鼎的宋太祖。

智谋点评

宋太祖赵匡胤是历史上具有大智大勇的帝王。在陈桥兵变中，他运用娴熟的政治手腕和高深的智谋，利用市井传言和被部下黄袍加身的把戏，发动了史上最温和的宫廷政变，在兵不血刃的情况下，顺利地登上了皇帝的宝座。"黄袍加身"的故事，可谓中国历代谋略运用的经典范例。从表面看来，赵匡胤当上这个皇帝好像是被逼无奈而为之，但种种迹象表明他是蓄谋已久的。据司马光《涑水纪闻》记载："及将北征，京师喧言，出师之日，将策点检为天子。故富室契家远避于外州，独宫中未之知也。"由此可知，当时军队未到陈桥已有兵变之说；未见黄袍，已有天子之说。《宋史·杜太后传》记载，杜太后得知其子黄袍加身后，说"吾子素有大志，今果然"。这也告诉人们：这黄袍，赵匡胤已经惦记好久了。

雷厉风行，康熙果断裁"三藩"

"三藩"是指顺治年间三个割据一方的藩王，即驻云南的平西王吴三桂、驻广东的平南王尚可喜、驻福建的靖南王耿继茂（后来由其子耿精忠袭爵）。明清之际，明将孔有德、尚可喜、耿仲明和吴三桂，趁明王朝土崩瓦解之机，各率所部先后降清，均被封为王。当清军于顺治年间南下时，他们又充当了先锋，与清军共同消灭了南明王朝及农民军余部。之后，吴三桂、尚可喜和耿仲明之孙耿精忠受命分别留镇云南、广东、福建。这样，到康熙元年（公元1662年），吴、尚、耿便成为各据一方的藩王势力，世称"三藩"。

"三藩"的存在，成为清朝实行中央集权的巨大障碍，极其严重地影响了清朝的统治。而且"三藩"的气焰一天比一天嚣张，要想长治久安，非撤藩不可。

康熙皇帝爱新觉罗·玄烨是清朝入关后的第二代皇帝，即位时只有八岁，于康熙六年（公元1667年）七月初七在太和殿举行亲政仪式。但当时的朝政为顾命大臣鳌拜所把持，鳌拜自恃功高，拥权自重，从不把康熙放在眼里，公然在朝堂上对康熙咆哮指责，大有废掉康熙之势。康熙在其祖母太皇太后孝庄文皇后的帮助下，在康熙八年（公元1669年）设下圈套，智擒鳌拜，赢得了斗争的胜利，开始真正亲政的阶段。在这个事件中，康熙的智慧就已经充分地显现了出来。

亲政之初，康熙帝对三藩"包藏祸心，久蓄不轨"的阴谋就非常关注，"以三藩及河务、漕运为三大事，夙夜厪念，曾书而悬之宫中柱上"。只不过当时正处于跟鳌拜斗争的关键时期，无暇分身，等到智擒鳌拜之后，康熙马上把精力集中到撤藩事宜之中，采取了一些抑制三藩的措施，如禁止各藩王"家下商人各省贸易"，还打算拟订裁减三藩兵力的计划。

撤藩的实施是从平南王尚可喜疏请告老还乡开始的。康熙十二年（公元1673年）三月，尚可喜上书康熙，称愿归老辽东，请以其子之信袭爵继续留镇广东。康熙认为这正是一个撤藩的好机会，即命令全藩撤除。吴、耿二藩听到尚藩撤除的消息后大受震动。他们为探明朝廷态度，消除清廷对他们的怀疑，也于七月初上疏请求撤藩。出乎吴三桂意料的是，康熙帝接奏后即表示同意，并令议政王大臣会议讨论。

吴三桂试探撤藩之事竟成事实，不禁使他愕然失色，遂于康熙十二年十一月自称"兴明讨虏大将军"，将反清檄文远近传扬。接着，耿精忠、孙延龄等举兵响应。那些平日就与三桂有勾搭的贵州巡抚、提督，四川巡抚，广西、四川、陕西提督及孤守台湾的郑经，都纷纷加入了叛乱的营垒。不到半年，叛乱的战火燃遍了半个中国。

康熙面对三藩的叛乱，迅速而果断地采取了一系列措施。首先，在政治上分化瓦解三藩，集中力量打击吴三桂。康熙在吴三桂举起叛旗后，立即向全国公布他的罪状，处死其在京的儿子；停撤尚、耿二藩，对"精忠在京诸弟，照旧宽容"。此后，当耿精忠、王辅臣、尚之信等反清时，康熙始终持招抚态度，把他们的叛乱说成是"无知被惑"，表白"朕之待尔，始终不渝，必不食言"。其次，在军事上制订了一套周密的作战计划：一方面派遣将士分赴荆州、常德、四川、安庆阻截吴军，并割断吴、耿两军的联系；另一方面积极部署后方，将山东兖州、山西太原作为后方军队的两大集结点。

叛乱初期，吴军来势迅猛，很快攻陷岳州、醴陵、衡阳等地。康熙十三年（公元1674年）三月，耿精忠据福建反清。十二月，陕西提督王辅臣在吴三桂诱引下反清，占据平凉，与进攻四川的吴将王屏藩相呼应。这样，陕西、甘肃、四川、湖南、云南、贵州等省在数月之间全为吴军控制。

吴三桂被暂时的胜利冲昏了头脑。他自以为用兵之术天下无双，"次于澧即阻江而守，下令诸将曰：'毋得进兵'"，企图压迫康熙和谈。但是，康熙早已看穿了他的狡诈心理，不仅不为所动，反而积极备战。首先，命令清军挺进岳州，向吴军展开进攻。其次，在几次专赦慰勉王辅臣失败后，于康熙十五年（公元1676年）进军平凉，迫王投降，并使王屏藩失去外援而逃往汉中。再次，在得知吴三桂企图谋结青海多尔济为援时，立即命张勇屯甘州防御，从而即使多尔济"不助吴逆"，又使青海和硕特各部"归故巢"。这样，清廷大体上平定了陕甘，以致吴三桂串通西北汉籍将领、煽动蒙古叛乱，从侧面进攻北京的阴谋彻底破产。

耿精忠叛乱后，联合台湾郑经对广东形成夹击形势，使清"粤东十郡竟失其四"。康熙十五年五月，清军攻取了广西。康熙十五年六月，康亲王杰书乘耿、郑不和，大败耿精忠，并迫使郑经退回台湾。十月，耿精忠降清，福建为清军收复。广西将军孙延龄反清后，与投靠吴三桂的柳州提督马雄内讧，为三桂擒杀。康熙十六年五月，在清镇南将军莽依图的进攻和吴三桂逼迫助饷下，尚之信走投无路而降清。

吴三桂在失去了陕西、福建、广东的援助之后，其势只余云、贵、川、湘四省。由于长期的战争，吴藩府库空虚，加之吴军横征暴敛，使得人民怨声载道，以至于众叛亲离。为了维系人心，吴三桂于康熙十七年（公元1678年）三月在衡阳称帝，国号"周"。八月，清军压境，吴气绝而死。康熙十八年（公元1679年）初，清军先后攻占了长沙、衡阳。康熙十九年（公元1680年）正月，清军提督赵良栋攻克成都。三月，赵良栋先后收复被叛军攻占的泸州等地，并于七月追随叛军进入云南，叛军将领胡国柱战败自杀，马宝投降。赵良栋即于九月进抵昆明。

赵良栋到达昆明后，鉴于清军围城久攻不下、粮饷供应出现困难的问题，建议就近速战，同时要求改变过去将俘虏尽发旗下为奴的做法，以瓦解其斗志，获得康熙的支持。十月，在清军四面猛攻之下，叛军大败，吴世璠及其重要谋士郭壮图等人被杀，余众献城投降。历时八年的平叛战争至此结束。

平叛战争结束后，康熙顺利地解决了其他二藩的撤藩问题，采取一系列措施荡涤三藩遗留下来的污泥浊水：在三藩所控制的地区设立八旗兵驻防，同时将藩王的财产全部入公，以充军饷；对三藩在各地推行的苛捐杂税"悉革除之";还下令将吴三桂藩下官兵侵占的民田"查出给还小民"。这些措施进一步加强了中国的统一,促进了社会经济的发展。

智谋点评

三藩联兵声势浩大,举起反清大旗后,数月之间,清朝江南半壁江山失于三藩之手。康熙帝临危不惧,运筹帷幄,做出果断的军事反击,同时采取政治攻势,平定了三藩之乱。康熙帝在撤藩问题上认识明确、态度坚定,在平叛过程中异常镇定、果决,在军事部署方面周密、高明,在善后处理过程中表现出高度的策略性,这都充分展示出他作为一个杰出封建君主的才能,对平定叛乱以及最终解决"三藩"问题起到了重要作用。康熙的这场胜利,也彻底征服了一些明朝遗民的反清之心,从此政治趋于稳固。

统御有术

——用权谋略

统御下属是古今中外每一个领导者都要面对和解决的问题，统御下属的核心就是要让下属尽其所能地发挥其长处，同时又能有效地控制而不至于遭其反叛。振臂一呼，万众响应，是每一个领导者都梦寐以求的境界。不能轻松有效地统御下属，就无法做好各项工作，也不可能成为一名出色的领导者。因此领导者充分运用智谋控制和驾驭下属，使其为己所用，就显得尤为重要。中国古代就有很多统御下属的高手，他们统御下属的手段和谋略令人拍案叫绝，相信对于我们在工作和生活中做好管理会有很大的启迪作用。

巧施小计，晏婴二桃杀三士

晏婴是春秋后期一位重要的政治家、思想家、外交家。晏婴头脑机灵，能言善辩，在后世人们心目中是智慧的化身。

齐景公即位之初并未重用晏婴，只是让他去治理东阿（今山东阿城镇）。晏婴一去就是三年，这期间齐景公陆续听到了许多关于晏婴的坏话，因此很不高兴，便把晏婴召来责问，并要罢他的官。晏婴赶忙谢罪："臣已经知道自己的过错了，请再给臣一次机会，让我重新治理东阿，三年后臣保证让您听到赞誉的话。"齐景公同意了。三年后，齐景公果然听到许多人在说晏婴的好话。齐景公大悦，决定召见晏婴，重重赏赐他。谁知晏婴却推辞不受，齐景公好生奇怪，细问其故。晏婴便把两次治理东阿的真相说了出来。他说："臣三年前治理东阿，尽心竭力，秉公办事，得罪了许多人。臣修桥筑路，努力为百姓多做好事，结果遭到了那些平日里欺压百姓的富绅们的反对；臣判狱断案，不畏豪强，依法办事，又遭到了豪强劣绅的反对；臣表彰和荐举那些节俭、勤劳、孝敬师长和友爱兄弟的人，而惩罚那些懒惰的人，那些不务正业、游手好闲之徒自然对我恨之入骨；臣处理外事，送往迎来，即使是朝廷派来的贵官，臣也一定循章办事，决不违礼逢迎，于是又遭到了许多贵族的反对。甚至臣左右的人向臣提出不合法的要求，也会遭到臣的拒绝，这自然也会引起他们的不满。这样一来，这些反对臣的人一起散布臣的谣言，大王听后自然对臣不满意。而后三年，臣便反其道而行之，那些原来说臣坏话的人，自然开始夸奖臣了。臣以为，前三年治理东阿，大王本应奖励臣，反而要惩罚臣；后三年大王应惩罚臣，结果却要奖励臣。所以，臣实在不敢接受。"

齐景公道听途说就责骂晏婴，是因为他没有亲自到东阿去体察民情。

晏婴以亲身的实践，从正反两个方面对比进言，加大了说服的力度，取得了较好的效果。因此，齐景公才知道晏婴的确是个贤才，而深悔自己以前听信了谗言，错怪了晏婴。于是，齐景公将国政委以晏婴，让他辅佐自己治理齐国。

有了晏婴为相，齐景公也就有了恢复齐桓公时期的霸业的雄心，但是时间一长，这位好高骛远的国君就熬不住了。他想通过豢养一批勇士的办法来建立自己的武功。当时，齐景公手下有三个出名的勇士，一个叫田开疆，一个叫公孙接，一个叫古冶子，号称"齐国三杰"这三个人个个勇猛异常，力能搏虎，深受齐景公的宠爱。然而，他们虽然在战场上勇猛无敌，平时处事却不拘礼法，不注意小节，因此得罪了不少人。有一次，相国晏婴在路上和他们相遇，他们连个招呼也不打，晏婴不免记恨在心。更有甚者，在国君面前他们也以你我相称，齐景公内心自然不悦。这样，他们也逐渐失去了齐景公的欢心。

晏婴深为齐国的前途而忧虑，于是对齐景公说："国家豢养勇士是为了禁乱止暴，而现在主公所豢养的勇士，对上没有君臣之礼，对下也不讲长幼之伦，这种人迟早会成为齐国的大害，主公应该及早将其除掉。"齐景公犯愁地说："寡人也有同感，可现在是请神容易送神难呀！这三个人武艺高强、好勇斗狠，与他们硬拼，齐国恐怕无人能敌，此事只能从长计议吧！"

晏婴见国君默许，便决定设计除掉三人。他左思右想，觉得只能从挑拨离间这三个人的关系入手，让他们自相残杀。这样，既可除掉三人，自己又能免受其害。于是他隐忍不发，等待时机。

有一天，鲁国国君鲁昭公来访，齐景公设宴款待，田开疆、古冶子和公孙接三人仗剑立于朝堂之中护卫，均是一副扬扬自得、目中无人的样子。席间，齐景公一时高兴，对鲁昭公说："寡人园子里种了一棵名贵的桃树，三十多年来都是只开花不结果，恰好今年结了几个果子。如今贵客临门，寡人想请鲁君一同品尝。"鲁昭公高兴地答应了。应邀赴宴作陪的晏婴听闻齐景公此言，忽然想出了一条除奸的妙计，马上向齐景公讨了摘桃子的任务，道："金桃十分宝贵，世之稀罕之物，臣当亲往监摘。"

过了一会儿，晏婴领着管理御园的官吏进来了，将精致的盘子献上。盘子里放着六个鲜桃，个个硕大无比，颜色鲜红，香气袭人。

齐景公问道："只有这么几个吗？"

晏婴回答说："桃树上结的桃子不多，微臣只摘到这六个已经成熟的鲜桃，敬献两位国君品尝。"

齐景公递给鲁昭公一个鲜桃，自己也拿起一个品尝，两位国君边吃边连声称赞鲜桃味道甜美。齐景公见盘中还有几个鲜桃，就对陪同鲁昭公前来的鲁国大夫叔孙诺说："此桃乃是不可多得的珍品，叔孙大夫贤名著于四方，理应吃上一个。"

叔孙诺连忙谦让道："若论贤德，我哪里比得上贵国的晏相国呢，鲜桃理应赐予晏相国。"

齐景公微笑着说："叔孙大夫和晏相国都是于国有大功的贤德之人，寡人就每人各赐鲜桃一个。"晏婴和叔孙诺二人连忙上前拜谢齐景公的赏赐。这样一来，吃桃子就成了至高无上的荣誉了。

晏婴吃完赏赐给自己的桃子后，心满意足地擦了擦手，对齐景公建议道："盘中只剩下两个桃子，不能遍赐群臣，主公可传令群臣，谁的功劳大，谁就吃桃，好不好？"齐景公认为这个主意不错，当即传谕左右，要各人自报功劳，凭功赐桃。田开疆、古冶子和公孙接三人向来不甘居于人后，闻听此言，一个个摩拳擦掌、跃跃欲试。公孙接抢先开口道："有一次我陪大王打猎，突然从林中蹿出一头猛虎，是我冲上去，用尽平生之力将猛虎打死，救了国君。这功劳怎么样？"

齐景公点头道："将军擎天保驾，功劳很大，可赐鲜桃一个。"公孙接拜谢赏赐后，拿起鲜桃津津有味地大嚼起来。

古冶子见公孙接领受了赏赐，心中不服，大声嚷道："打死一只老虎有什么稀奇！当年我送国君过黄河时，一只大鼋兴风作浪，咬住了国君的马腿，一下子把马拖到急流中去了。是我跳进汹涌的河中，舍命杀死了大鼋，保住了国君的性命。像这样的功劳，该不该吃个桃子？"

齐景公连声说道："在汹涌波涛之中,如果不是古冶子舍命杀死巨龟,一旦船被掀翻,一船人都活不成了。这真是盖世奇功啊,理应赐鲜桃一个。"

古冶子得意扬扬地拿起盘中剩下的最后一个鲜桃啃了起来。

一看盘中的鲜桃眨眼之间就赏赐完了,田开疆急红了眼,撩起衣襟露出身上的累累伤痕,抢步上前,愤愤不平地高声叫道："我奉命征伐徐国,身受重伤仍拼死血战,最终大破敌军。徐国君臣恐惧,纳款请降,威震邻邦,为主公奠定诸侯盟主之位立下了汗马功劳,这功劳比他们二人如何?"

齐景公尴尬地说:"将军为国开疆拓土,扬国威于异邦,要说功劳,以将军为最大。可惜将军说晚了,鲜桃已经分完,寡人赐将军一杯酒,以示敬意吧!"

田开疆怒火涌上心头,大声叫道:"杀虎斩龟,与禽兽较劲,算得了什么!我为国扬威而血战沙场,反而不能吃桃,受辱于两国君臣之间,为众人耻笑,还有何面目再立于朝堂之上?"说罢拔剑自刎而死。

公孙接一看大惊,高声说道:"和田开疆的赫赫战功相比,我凭着打虎这点微功就来争桃吃,简直是不自量力。田开疆为此而死,我羞愧难当,唯有一死以赎己罪了。"说完也拔剑自刎而死。

古冶子也奋力大呼:"我功劳小却吃了桃,田开疆功劳大反而吃不上桃,我于心何安?我三人本是誓同生死的结义兄弟,今两位兄长已亡,我还有什么脸面活在世上?"说完也拔剑自刎而死。

顷刻之间,在齐国横行无忌的三位勇士俱血溅当场,陈尸朝堂之上。

鲁昭公目睹此景,无限惋惜,半天才站起身来说道:"我听说这三位将军都有万夫不当之勇,可惜为了一个桃子都死了。"齐景公长叹了一声,沉默不语。这时,晏婴不慌不忙地说:"他们都是有勇无谋的匹夫。智勇双全、足当将相之任的,我国就有数十人,这等武夫莽汉,那就更多了。少几个这样的人也没什么大不了的,各位不必介意,请继续饮酒吧!"

平心而论,三士之死,虽属悲壮,但是他们居功自傲,目中无人。四肢短小的晏婴伺机使巧,兵不血刃,不费吹灰之力,终以二桃杀死三个力可拔山的勇士,消除政治隐患,其智慧真是非同寻常。

谋略点评

晏婴果然是足智多谋之人，他料到如果论功赏桃，田开疆、古冶子和公孙接三人必然会炫耀己功而抢桃。勇士相争，必以兵剑。于是请齐景公以二桃赐三人，论功而食，结果三人皆弃桃而自杀。晏婴的成功在于利用了田开疆、古冶子和公孙接三人自我评价的夸大倾向和求利的欲望，以及好胜的性格缺陷，设计、安排了三位莽夫的悲剧。论功行赏，按功分配，只用两个桃子，就葬送了三个勇士的生命。晏婴可谓是运用调拨离间之计的高手。这一典故也充分说明：对手团结，力量就大；若对手内部相互敌视，则易于各个击破，甚至不用自己出力，也可将对手消灭掉。

欲擒故纵，郑庄公智克共叔段

郑庄公名寤生，是郑武公之子。郑庄公是一个有战略眼光、精于权谋的政治家。有关他智克共叔段的故事，在后世广为流传。

春秋初期，郑国国君郑武公的夫人姜氏生有两个儿子，长子叫寤生，次子叫段。姜氏生长子时难产，孩子出娘胎时一反常态，是脚先头后出生的，"寤生"之名即由此而来。姜氏由于难产而吃尽苦头，因此根本不喜欢长子寤生，而只宠爱小儿子段。于是，她屡次在郑武公面前称道段的贤明，劝说郑武公废长立幼，把段立为储君。郑武公以长幼有序为由断然予以拒绝，仍按照嫡长子继承制的传统立寤生为储君。

郑武公去世后，寤生继位，也就是郑庄公。郑庄公还接替父亲的职位，当了周天子的卿士。姜氏眼见小儿子段无职无权，心中闷闷不乐，便对郑庄公说道："段与你乃是一母同胞，你继承君位，享有封地数百里，而段却无封地得以容身，你身为兄长于心何忍？为顾全你们兄弟之间的情谊，你看把制邑封给段如何？"郑庄公大吃一惊，连忙告诉姜氏："制邑可是我们郑国最为险要的城池，有着极其重要的战略价值。父亲在位时就明确宣布，制邑这个地方谁也不能分封，儿子怎敢违抗父命？"

姜氏见郑庄公不答应，就退而求其次，要求把京邑封给段。京邑也是郑国一座比较重要的大城，郑庄公虽然诸般不情愿，但在姜氏的一再督促下，只得把京邑封给了段。

共叔段在姜氏的庇护下，一到京城便开始准备夺取哥哥的王位。首先，他把京城加以扩大。郑国大夫祭仲看到苗头不对，便对郑庄公说："先王定的规矩，大城市的城墙不能超过国都城墙的三分之一，中等城市的城墙不能超过国都城墙的五分之一，小城市不能超过九分之一。现在京城的城墙已超过三丈，完全不合法度，恐怕会成为大王的祸害吧！"

郑庄公摆出一副无可奈何的样子说："京城是母后为共叔段要的，我怎能对他加以限制呢？"

祭仲说："姜氏决不会满足于让共叔段扩建城邑的，扩建城邑后他还会有新的举动。您应当及早采取防范措施，做适当的安排。否则，等共叔段的势力发展起来，您就不好对付了。您没听说过草蔓难除这句话吗？野草蔓延开来尚且难除，何况您受宠爱的兄弟呢？"

庄公说："一个人不义之事做多了，必然会倒霉，我们看着他怎样发展吧！"

过了不久，共叔段又强迫京城西边和北边的两个城市归自己管辖。

大夫公子吕找到庄公对他说："一个国家不可能有两位君主，大王到底是怎么想的呢？如果要把国家拱手给共叔段，我们就去侍奉他；如果不这样，就请您除掉他，以免乱了民心！"

郑庄公不以为然地说："段乃寡人的骨肉至亲，岂能萌生异志，对寡人不忠？"

公子吕叹道："自古就是知人知面难知心，谋大事岂能有妇人之仁？当断不断、反受其乱，还望主公早做决断。"

郑庄公说："别着急，用不着我去除他，他会自取祸殃。"

郑庄公见公子吕对自己如此赤胆忠心，不由心中大喜，赶紧屏退左右，悄悄解释道："段虽不忠，但是尚未公开反叛。寡人如果现在就诛杀他，母后必然从中阻挠，国人也会议论纷纷，说寡人是个不友、不孝的人。寡人当前暂且隐忍不发，任其胡作非为，让他以为寡人软弱可欺。待段按捺不住，举兵造反，寡人再将其一举擒获，把他的罪行昭告国人，就没有人敢站出来为他说话了。"

为了引蛇出洞，有一天，郑庄公忽然宣布自己要去朝见周天子，面君辅政，命大夫祭足监国。姜氏大喜，认为等待已久的夺权时机终于来到了，于是暗中与小儿子段勾结，阴谋起兵造反。郑庄公暗中派公子吕率大军埋伏在段的老巢京邑附近，等段起兵离开京邑杀向都城后，公子吕趁其后方空虚，立刻率军攻占了京邑，并派人四处宣告郑庄公的宽容大度和段的忘恩负义。

一时间，国人纷纷谴责段犯上作乱的罪行。段半路上闻报自己的老巢被端，大惊失色，赶紧连夜回师，企图重新夺回京邑。叛军士兵见断了后路，本来就军心不稳，现在又听说段如此不仁不义，都不愿继续为其卖命，有近一半的士兵偷偷逃跑了。段见军心已乱，京邑是无法夺回来了，只好逃奔卫国的共城。从此，郑庄公大权独揽，勤修政事，经过数年努力，陆续征服邻近诸国，建立了不朽的功业。

谋略点评

共叔段是多行不义必自毙，是自作自受。而郑庄公欲擒故纵的手段，则对共叔段走向灭亡起到了推波助澜的作用。他用纵容的手段，甚至故意显示软弱来置敌于"不义"的境地，表面上唯唯诺诺，其实是故意在冷眼旁观，然后自己再以正义压邪恶，替天行道，此可谓其智慧的体现。"将欲夺之，必固与之。"这是一条暂做让步、待机而动、后发制人的手段。要想制服、控制别人，在形势未许可、火候未到时，先放任、顺应他，满足他的欲望，加速其向灭亡的道路发展，最后再一举予以彻底打击。

高瞻远瞩，赵武灵王胡服骑射勇革新

赵武灵王是战国时期赵国的国君，他所推行的"胡服骑射"政策使赵国的实力大幅提升，成为秦国逐鹿天下最大的竞争者。

战国中期，诸侯各国相互攻伐，兼并之势愈演愈烈。各诸侯国都意图吞并他国，由自己一统天下。赵国定都邯郸，疆域四周被齐、中山、燕、秦、韩、魏等强国和林胡、楼烦、东胡等骁勇善战的游牧部落团团围住，人称"四战之国"，形势异常险恶。

公元前326年，年方十二岁的赵武灵王即位。此时的赵国四面强敌环伺，国土中间还横插着一个中山国。这个中山国是白狄族建立的一个国家，曾经被魏将乐羊子攻灭，后来因隔着其他国家不便控制，又让中山国借机复国。中山国横在赵国中间，使其裂为以邯郸为中心和以代郡为中心的两大块，如鲠在喉，实在令赵国非常难受。赵国要想在战国诸雄中有所作为，首要的任务就是解决中山国这个心腹之患。

经过多年的准备，赵武灵王争取到了一个相对安定的外部环境。公元前307年，赵武灵王亲率大军进攻中山国。开始还算顺利，可是不久便遭到反击，赵国的车兵和步兵被中山国的军队打得节节败退，不但很快退回国境，连边境重镇郡邑也沦入敌手。更不可思议的是，在赵国攻打中山国时，燕人也乘人之危夹击中山国，但也被中山国迎头打了回去，领兵之将还丧了命。中山一个区区小国，同时抗击两个大国的进攻还能取胜，这给了赵武灵王很大的震动，由此引发了一场撼动朝野的改革。

面对国家危亡的严峻形势，赵武灵王不甘坐以待毙。一天，他召集心腹大臣共商强国之策。

赵武灵王首先感慨地说："寡人即位以来，相邻各国相继入侵，我军屡战屡败，再不思振作，恐怕亡国之期不远了。"

大臣楼缓说："要强国必须先强兵。西北方向的胡人倚仗其骑兵优势屡屡侵扰我国，而我军全靠步兵和马拉战车与之对阵。笨重的战车只适宜在较为平坦的地方作战，在复杂的地形中行动不便，无力与机动灵活的胡人骑兵相抗衡；众多的步兵也无法对抗奔驰迅猛的胡人骑兵的冲击。我们只有学习胡人用兵的长处，建立自己的骑兵以对抗胡人的骑兵，才能立于不败之地。"

赵武灵王兴奋地说："对呀，建立一支强大的骑兵，是增强我们赵国军事力量的唯一出路。可要骑马射箭，必须像胡人那样短衣窄袖、脚穿皮靴才行。咱们穿的服装长袍大袖，干活打仗都不方便，必须加以变革。"

停了一会儿，赵武灵王不无忧虑地说："寡人有心仿照胡人的风俗，大力推行胡服骑射来改革我们赵国的风俗，可是又担心国人反对，这如何是好呢？"

大臣肥义说："要办大事不能犹豫，犹豫就办不成大事。既然推行胡服骑射对国家有利，大王何必怕大家讥笑呢！"

赵武灵王听了非常欣慰地说："功过自在人心，反对胡服骑射的都是一些目光短浅的人，明白事理的人都会赞成的。"

第二天上朝的时候，赵武灵王首先穿着胡人的服装出来。大臣们见到他短衣窄袖的穿着，都吓了一跳。赵武灵王把改胡服的事向大家讲了，可是许多大臣一时难以接受，认为丢弃祖宗流传下来的衣冠，实在是件丢脸的事。赵武灵王有个叔叔公子成，是赵国一个很有影响的老臣，头脑十分顽固。他听到赵武灵王要改服装，就干脆装病不上朝。

赵武灵王下了决心，非实行改革不可。他知道不攻克公子成这个守旧的"顽固堡垒"，胡服骑射的命令是难以推行下去的。想到此，赵武灵王就亲自到公子成家登门拜访，对公子成语重心长地说："抛弃祖宗衣冠，改穿粗陋的胡人衣服，寡人同叔父一样，内心也一百个不愿意。可我们赵国屡战屡败，现在连祖宗留下来的基业都快保不住了。一想起大片国土沦丧敌手，国人无不痛心疾首。不实行胡服骑射，就无以富国强兵。在保住祖宗基业与保住祖宗衣冠二者无法两全的困境中，叔父认为该当做何抉择？"公子成被赵武灵王的肺腑之言所感动，声泪俱下地说："老臣糊涂至极，竟如此短见。从今往后当追随大王左右，尽力说服国人，共同推行胡服骑射的强国之策。"赵武灵王大喜，立即赏给公子成一套胡服。

　　第二天，赵武灵王和公子成穿着胡服上朝，众大臣见状也纷纷效行。赵武灵王于是向全国下达"胡服令"，自上而下地改易服装，教民骑射，推行尚武之风。

　　由于赵地与北部游牧民族相接，不少人已经染习了骑射之风，而且马匹也较易获得，所以，不到一年，一支人数众多、训练有素的骑兵部队就练成了，从而取代了赵国车兵的地位，成为与步兵并驾齐驱的两大主战部队之一。

　　公元前306年，赵武灵王亲率这支年轻的骑兵，闪电般地袭取了中山国的宁葭，然后移兵北上，千里跃进，大破林胡和楼烦诸部落，迫使他们北迁大漠，献马乞和，成为赵之藩属。赵武灵王在新辟的土地上设立云中、雁门两郡，并在原阳设立"骑邑"（训练骑兵的基地），常年训练骑兵。赵武灵王胡服骑射的改革，小试锋芒就功效显著，他便再次将目标指向了中山国。从公元前305年到公元前300年，赵军先后五次进攻中山国，次次以中山国割地告终，最后终于把这个一度名闻天下的小国从版图上抹去了。从此，赵国东西南北合为一块，喉中无梗、眼中去钉，可以专心对外。

　　平灭中山国之后，赵国又收服了东胡和邻近的几个部落。到了实行胡服骑射的第七年，中山、林胡、楼烦都被征服了，还扩大了好多土地，赵国一跃成为战国中期唯一能与强秦相抗衡的强国。

谋略点评

两害相权取其轻,两利相权取其重。面对保住祖宗基业与保住祖宗衣冠二者不能两全的困境,赵武灵王毅然抛弃了长袍大袖的祖宗衣冠,大力推行胡服骑射,并通过攻克公子成这一"顽固堡垒",成功地化解了守旧派的消极抵抗。

英雄之异于常人,在于克服了人们的短视和惰性,看到了未来的机遇和危机,高瞻远瞩,谋求未来的安全和发展。所以英雄,是"论至德者,不和于俗;成大功者,不谋于众"的人物。作为君主,为了扩张疆土、富国强兵,赵武灵王力排众议,勇于革新,不为旧制和保守势力所束缚,对国家民众的服饰和思维进行了革命性的改变。他具备深远的政治眼光和超人的胆略勇气。

隐忍不发，秦始皇冷眼旁观吕、嫪专权

秦始皇嬴政即位时，年仅十三岁。因年幼，朝政由太后和相国吕不韦掌管。嬴政模仿春秋时期齐桓公对管仲的称呼，称吕不韦为"仲父"。吕不韦的权势进一步扩大，不但食封大邑十万户，而且家仆万人、财力雄厚，成为秦国首屈一指的大富翁和政治暴发户。

秦始皇的母亲赵太后在秦庄襄王死后，难耐寂寞，与吕不韦旧情复燃，二人时常私通。开始吕不韦也没觉得有什么，但没想到的是，事情的发展越来越不受控制了。

这时，嬴政也在慢慢长大。面对嬴政，吕不韦十分头痛：既不能披露嬴政的身世，那将使嬴政失去继位的合法性；又不能继续和太后相爱，毕竟是私通，怕在越来越大的嬴政面前奸情暴露。爱情和地位无法两全的情况下，精明的商人吕不韦选择了后者。对他而言，爱情本来就是赌注，因此注定要被牺牲。

吕不韦开始刻意疏远赵太后，私下里寻访到了一个奇伟的男人做门客。此人名字非常古怪，叫嫪毐。嫪读作"烙"，是爱惜、留恋的意思；毐读作"矮"，是指品行不端正的人。"嫪""毐"二字合在一起，就是指爱惜、留恋品行不端正的人，可见这个名字不是一个好名字，拥有这个名字的人当然也就不是一个好人了。

吕不韦让嫪毐扮成太监，然后设法把他带进内宫，进献给赵姬。太后得到嫪毐后，一下就爱上了这个品行不端正的人，再也不纠缠吕不韦了，还瞒着嬴政和嫪毐生了两个儿子。

嫪毐深得太后宠爱，太后所掌政务悉由其决断。嫪毐依靠赵太后的权势，被封为长信侯，先得到山阳（今太行山东南地区）作为封地，后来又

把河西（今陕西东南部）和太原（今山西中部）二郡更名为毐国。嫪毐的势力日益强大，他拥有宾客千余人、家仆数千人，朝中官员争相交结，不少重要官员都成了他的党羽。

于是，吕、嫪两大势力集团形成，并掌握了秦国的政权，双方尔虞我诈、争权夺利，必欲置对方于死地而后快，并且都积极为夺取最高统治权做准备，一时间朝野上下乌烟瘴气。嬴政虽为君王，却手无寸权。

随着秦国两大阵营、两个政治中心的出现，众人莫不惶惶然不知所从。上至朝廷，下至百姓，都在盘算是跟嫪氏还是跟吕氏，更令人担忧的是，外敌开始密谋利用秦国的内乱达到搞垮秦国的目的。由于有外敌的支持，太后和嫪氏的势力更加张狂了，根本不把嬴政放在眼里。有一次，嫪毐与宫中的侍臣及一些贵族大臣赌博，因口角而动起手来。嫪氏二目圆睁，大声斥骂说："我是嬴政的继父，你们这些下贱坯子谁敢碰我！"与其打架的人闻言顿时目瞪口呆，吓得仓皇逃走，并将嫪氏言行密报了嬴政。

此时嬴政已经成长为一名青年，虽然这个青年身体羸弱，但他的心思却比健全人更加敏感。母亲和相国的宫闱丑事怎能瞒得过他？而且，他还隐隐约约地听到相国和自己身世的各种传说。也许母亲在和儿子的日常相处中，无意中曾经透露过自己的香艳往事。总之，怀疑和仇恨的种子开始在这个敏感内向、沉默寡言的青年心中渐渐萌芽。

秦王嬴政听到密报之后，怒火中烧、气愤难平，恨不能立即将嫪氏食肉寝皮，然而他什么也没做。

面对吕氏和嫪氏两个集团的嚣张气焰，秦王未动声色。

公元前238年4月，他按预定计划到秦故都雍城（今陕西凤翔南）的蕲年宫举行冠礼。当嬴政在蕲年宫兴高采烈地举行冠礼时，嫪毐的心里很不是滋味，因为嬴政亲政无疑是对他的沉重打击。他更担心自己与赵太后的关系败露，所以在嬴政加冠的庆贺宴会上颇为不悦。他借酒力口出狂言，声称自己是秦王的"假父"。这话传到嬴政耳中，令他很是恼火，派人查清了事情的真相，密令将军桓齮率兵铲除嫪毐。耳目众多的嫪毐得知消息后十分惊慌，连夜进宫求见太后，准备提前采取行动。

在赵太后的寝宫内，二人屏退左右，想出了一条毒计："矫王玉玺及太后玺"，纠集爪牙，欺骗宫廷卫队，组成政变武装，"攻蕲年宫，为乱"，杀死秦王嬴政，夺取秦国政权。

玉玺又称"玺宝""御宝""国宝"，是国君的印章，是至高无上王权的象征，国君代表国家发布诏书或其他文告时，都要钤用玉玺，因而人们把它看得神圣无比。这一假造的玉玺和有秦王印信的诏书在不辨真伪的兵士中间产生了奇异的作用，嫪毐很快征集到县卒、卫卒、宫骑及他的舍人、党羽等多人。他们将蕲年宫团团围住，扬言宫中有贼，发起猛烈进攻。嫪毐的打算是来个先下手为强，杀死秦王。

然而，嫪毐的如意算盘打错了。他过高地估计了自己的力量。机敏、果决的秦王嬴政马上给叛军以强有力的反击。他命令相国昌平君、昌文君率兵攻打嫪毐。经过一场殊死搏斗，杀死叛军数百人。嫪毐用欺骗手段拼凑起来的政变武装顷刻瓦解，他也落荒而逃。知道嫪毐败逃，嬴政又下令国中："有活捉嫪毐的赏钱百万，杀死的赏钱五十万。"重赏之下必有勇夫，嫪毐及其党羽迅速被擒。

九月，嫪毐被车裂，诛三族；党羽骨干卫尉竭、内史肆、佐弋竭、中大夫令齐等二十余人皆被枭首示众；舍人都被判处服刑；受牵连的四千余家全部被夺爵流放蜀地（今属四川）。秦王嬴政还杀死了赵太后与嫪毐所生的两个私生子，同时把她隔离于雍城宫中监视起来。

嫪毐被剪除后，吕不韦如坐针毡，他称病不朝，不敢面见秦王。秦王政没有姑息他。公元前237年，秦王嬴政已经牢握国政，站稳脚跟，于是免去吕不韦的相国职位，将他赶出秦都咸阳，迁居封邑洛阳（今属河南）。吕不韦在洛阳居住期间，关东六国君主频繁派人到洛阳向他请安。为防止吕不韦与关东六国的势力联合，公元前235年，秦王嬴政决定除掉吕不韦，根除祸患。于是他派人给吕不韦送去一封书信，信中说："你对秦国有什么功劳，封侯河南，食邑十万户？你与秦有什么关系，号称仲父？把你与家属迁徙到蜀地去！"吕不韦自知日暮途穷，大势已去，便喝下一杯毒酒，自杀身亡。吕不韦死后，秦王还严惩了他的家人和宾客。

秦王嬴政亲政不久，就先后消灭嫪毐和吕不韦两大敌对势力，彻底肃清了自己行使君权的障碍。接着，他开始了统一山（指崤山，在今陕西潼关东）东六国的事业。

谋略点评

在嬴政即位之初，秦国处于强枝弱干、臣强君弱的局势之中。明白了身处之境，嬴政没有言怕，反而将这一危机深深埋藏心底。他像一只猛兽俯伏于地静观其变、伺机反扑，等待着将擅权轻主之臣一网打尽时刻的到来。正所谓"鸷鸟将击，卑飞敛翼；猛兽将搏，俟耳俯伏；圣人将动，必有愚色"。在时机成熟的时候，他终于爆发了压抑许久的愤怒，及时出击，一举战胜权奸佞臣。由此可知，在羽毛未丰之时，遇事忍耐，在忍耐中等待时机，这绝不是怯懦，而是一种超人的智慧和勇气。

招揽人心，汉高祖封仇人雍齿为侯

雍齿本来是刘邦的同乡好友，出身豪强。但这个人易反易覆，品行非常卑鄙。他不断地陷害刘邦，还帮助项羽害得刘邦差点丧命，项羽有一次要杀刘邦的父亲就是他出的主意。

秦二世二年（公元前208年），雍齿随刘邦起兵反秦，刘邦深知雍齿家族的势力和背景，所以将重要的丰邑交给他防守。就在刘邦以为万事安排周全可以放心率军出战的时候，雍齿却在魏国将领周市的威逼利诱之下投靠了魏国，丰邑自然也成了周市的囊中之物。刘邦得知此事后大为震怒，立即调兵攻打丰邑，但遭到了雍齿的顽强抵抗，这座城屡攻不破，刘邦也生了病，不得不退兵回到沛县。刘邦虽然怨恨雍齿，却也无计可施。直到后来，刘邦听说项梁在薛县，就带着一百多个随从前去见项梁。项梁借给他五大夫级的将领十人，士兵五千人，兵多将广的刘邦再次攻打丰邑，这次雍齿兵败，逃往魏国。最终，刘邦还是成功降拿了雍齿，雍齿也在刘邦麾下立了不少战功。

汉高祖六年（公元前201年），刘邦平定项羽，建立汉朝。刘邦得天下后，面临着分封功臣的难题。在多年的楚汉相争中，功臣太多，如何平衡这些战场上厮杀出来的功臣们，成为这位新天子的当务之急。刘邦当皇帝后，封了大功臣二十多人为侯，这些人都是他自己喜欢的人以及他的同姓亲友，之后就没有再封谁为侯。其余的人"日夜争功不决"，未能进行封赏。

有一天，刘邦从洛阳的南宫居高临下俯视，看到诸将三三两两聚集在宽敞的庭院，好像在议论着什么。

"他们在议论些什么呢？"高祖问站在身旁的张良。"他们正在酝酿谋反。"张良回答说。

高祖有点惊慌，忙问："为什么呢？"

"陛下起自布衣，靠大家才得到天下，而获得陛下封侯的是萧何、曹参等直系，被诛罚的都是平素与陛下疏远的旁系。现在将士们在计算功劳，认为即使把天下的土地都封完，也不够赏的，他们对能否轮到自己获得封赏非常怀疑，又担心因以前的过失而遭到诛杀。他们聚在一起打算造反。"

高祖听张良这么一说，就显得更加慌张了，于是急忙问张良："那该怎么办才好呢？"

张良献策说："陛下最讨厌而且大家都知道的那个人是谁？"

"莫过于雍齿，我没起事时就同他有仇，后来多次羞辱我。我早就想杀了他，但他确实功劳大，不忍下手。"高祖回答。

"那就赶快把雍齿封侯给群臣看吧。这样一做，大家就会认为连雍齿都封侯了，我们更没有问题，这样大家才会放下心来，而风波自然也就平息下去了。"

于是，刘邦赶快下令封雍齿为什邡侯。他一面叫手下办理定功行封手册，一面置酒亲自款待雍齿。

群臣见状，皆大欢喜，纷纷议论道："雍齿尚为侯，我属无患矣。"于是，一场因封侯引起的风波就这样平息了。

谋略点评

刘邦作为汉朝的统治者，而且又是在建朝不久、根基不稳的时候，必须十分注重安定臣心、收揽人心的君王之道，以巩固其统治。刘邦给雍齿封侯，可以彰显出自己气量宽宏、不计前嫌、有功必赏，这不仅可以安定那些"怀疑自己跟刘邦有隙，担心遭到报复"者的心，也可以树立起刘邦作为一位明君的光辉形象。刘邦以此向诸将群臣示意和施恩，达到了安定臣心、收揽人心的目的。

柔中有刚,汉武帝推恩散势

汉武帝刘彻是西汉的第七位皇帝,也是中国历史上最英明的君王之一。他在驾驭臣下、治理国家方面娴熟的政治手腕、高超的政治谋略,为后世执政者广为借鉴。

自西汉文、景两帝起,如何限制和削弱日益膨胀的诸侯势力,便一直是皇帝面临的严重问题。汉文帝时,贾谊鉴于淮南王、济北王的谋逆,曾提出"众建诸侯而少其力"的建议。汉文帝在一定程度上接受了这一建议,但没有完全解决问题。汉景帝即位后,采纳晁错的建议削藩,结果吴、楚七国以武装叛乱相对抗。汉景帝迅速平定了叛乱,并采取一系列相应的措施,使诸侯王的实力受到很大的削弱。

汉武帝即位之初,一方面政治形势比较稳定,国家经济状况也相当好;另一方面诸侯国的分裂因素依然存在,潜在威胁还不小。一些大国仍然连城数十,地方千里,诸侯王骄奢淫逸,阻众抗命,威胁着中央集权的巩固。

元朔二年(公元前127年),主父偃向汉武帝献计说:"古时诸侯拥有的封地大多方圆不过百里,力量单薄,朝廷当然容易控制。如今有的诸侯王竟然拥有数十座城池,土地纵横上千里,实力非常强大。朝廷宽待他们,他们却骄奢淫逸,伺机图谋不轨;朝廷限制他们,他们就马上起兵叛乱,兵连祸结。为确保江山社稷永固,陛下应该及早推行削藩之策啊!"

汉武帝惆怅地说:"诸侯王尾大不掉,藐视朝廷权威,朕岂不知?可朝廷如果强行削夺诸侯王的封地,则势必激起他们的反抗。为避免引发大的社会动荡,如何削藩,朕不得不慎之又慎啊!"

主父偃胸有成竹地说:"臣有一'推恩散势'的削藩计策,可削分诸侯王之势于无形，今特意将其献于陛下。"

汉武帝高兴地说："爱卿有何良策，请速速道来，朕必择善而从之。"

主父偃从容答道："臣以为可行推恩之策。如今天下承平，诸侯王广纳妻妾，子弟众多。按照目前的嫡长子继承制，诸侯王的王位和封地只有其正妻所生的长子才有资格继承。其余子弟虽然也是诸侯王的亲骨肉，却没有资格承袭其父兄的封国。许多诸侯王子弟对此颇有怨言。陛下何不下旨准许诸侯王推广恩德，将其封地分封给他的众多子弟呢？此举一方面显示了陛下的仁爱孝亲之道，得到分封的诸侯王子弟必然对陛下感恩戴德；另一方面，此举使诸侯王的封地化整为零，可以大大分散削弱他们的实力，使其再也没有实力与朝廷相抗衡。臣不敏，愿陛下采择施行。"

汉武帝闻之不由击节称赞道："爱卿所献果然是老成谋国之策，朕即刻下旨颁行天下。"

于是，汉武帝采纳了主父偃的建议，于元朔二年（公元前127年）颁布了推恩令。

根据汉武帝颁布的"推恩令"，诸侯王除嫡长子继承王位，可以推行"私恩"，把王国封地的一部分分给子弟为列侯，并报请皇帝赐予这些侯国名号。诸侯王当然知道这样做的结果必然是削弱自己的实力，可迫于众多子弟要求得到封地的压力又不得不这样做。从公元前127年到公元前91年，汉武帝共"推恩"分封王、子、侯一百七十八人。有的诸侯国最多分封为三十三个侯国，一般的也都分封为十多个侯国。这样，诸侯国被分解后，诸侯们的实力随之大减，再也无力对抗中央了。

在推行"推恩令"大见成效后，汉武帝又采用强制手段对诸侯王实行削爵、夺地和除国。元狩元年（公元前122年），汉武帝镇压了企图谋反的淮南王刘安和衡山王刘赐，淮南国和衡山国被废除，改为由朝廷直接管辖的郡。元鼎五年（公元前112年），汉武帝以诸侯国所献祭祀祖先的"酎金"成色不好、斤两不足，一次就削夺了一百零六个诸侯的爵位。汉武帝还颁布了《左官律》和《附益法》：前者规定诸侯国官员为"左官"，地位低于朝廷官员，以示歧视；后者限制士人与诸侯交往。从此以后，诸侯难得衣食租税，不能参与政事，与一般富室无异了。至此，困扰朝廷数十年、对皇权构成极大威胁的诸侯国"坐大"的问题终于得以顺利解决，专制主义中央集权得到了空前的加强。

谋略点评

汉武帝采纳主父偃"推恩散势"的计策，采取以柔克刚、柔中带刚的手段削藩，将以往朝廷从外部要求削藩，变为诸侯王自己的子弟从内部要求分疆裂土。此举分化诸侯王势力于无形之中，使少数大诸侯变成众多小诸侯，于是"藩国始分，而子弟毕侯矣"，导致诸侯国越分越小，实力大为削弱，从此"大国不过十余城，小侯不过十余里"。这样，汉朝廷不行黜陟，而藩国自析。其后，王国辖地仅有数县，彻底解决了诸侯国问题。

恢宏大度，汉光武帝刚柔相济驭群臣

汉光武帝刘秀于新朝王莽末年起兵反叛，挽狂澜于既倒，统一天下，建立了东汉王朝。登上皇位之后，刘秀仍保持清醒的头脑，他分析了从秦始皇以来中国动乱的原因，懂得要想把国家治理好，必须用柔顺、缓静的统治手段，以便稳定社会秩序，巩固汉室统治。他说："吾理天下，亦欲以柔道行之。"后又说："柔能制刚，弱能制强，柔者德也，刚者贼也，弱者仁之助也，强者怨之归也。……苟非其时，不如息人。"

刘秀的"柔"中蕴涵着"刚"的一面。"刚"是以削其力，"柔"是以笼其心，尽量以最小代价换取最大胜利，即使在力量占绝对优势的情况下，也力求不战而屈人之兵。正是在其以柔克刚、刚柔相济的驾驭之下，以邓禹为首的众多开国元勋和功劳显赫的文官武将，朝野存留皆在其掌握之中。

一是恢宏大度，君臣无猜。刘秀以"延揽英雄，务悦民心"而夺天下，天下既定，"于是大飨将士，功臣增邑更封，凡三百六十五人，外戚恩泽封者四十五人"。定封邓禹为高密侯，"食四县……各有差"。当时有人认为恩宠太过，于统治者不利，提出反对意见："古者封诸侯，不过百里，强干弱枝，所以为统治也。"而刘秀却不以为然，认为"古之亡国皆以无道，未尝闻功臣地多而灭亡者也"。刘秀如此恢宏大度，坦诚相待，信任下属，犹如"推赤心置人腹中"，群臣岂不永生感恩戴德、誓死效忠。

二是威严所至，警戒有方。公元 40 年秋，诸郡守十余人，借大量田亩之名，弄虚作假，侵扰百姓。案发后，刘秀下令把河南尹张汲等人抓起来，处以死刑。后来，刘秀以此事探询功臣马援的看法，说："我有点后悔以前杀了那些郡守，杀得太多了。"马援很得体地回答道："死得其罪，何多之有？"刘秀听后哈哈大笑。与其说这是探问功臣们的意见，倒不如说是一种警告更为确切。刘秀不仅不徇私情,严惩贪官污吏,并且在封功臣列侯的同时,就给他们敲了警钟。建武二年(公元26年),刘秀特地下诏书告诫功臣,意思是功臣们要想永远保持高官厚禄的地位,过荣华富贵的生活,并荫泽子孙后代,那么就应有"如临深渊,如履薄冰"的严肃谨慎的态度,时时刻刻要恪尽职守,不得有半点放纵大意。此诏书晓之以理,动之以情,足以使功臣敬服。可见,刘秀的良苦用心非同一般。

三是劝勉相宜,削除实权。刘秀通过多年浴血奋战才取得政权,在他的手下,有一大批立过战功的将领。刘秀深知,开国功臣的"坐大",将会对皇权构成严重威胁,信任、劝诫与感化只是权宜之计,根本的措施还在于解除功臣们的实权,即"退功臣,而进文吏"。为了达到目的,刘秀开始大封功臣,他让郎中冯勤专管此事。冯勤精明能干,他规定按照功臣功劳的大小,决定其封地大小、远近和土质肥瘠,并且制订了一个周密的方案。刘秀根据这个方案,一次就封了三百六十多人为列侯,给予他们崇高的地位。这些列侯的食封数量,最大的有四个县,小的只有数百户,比西汉时少得多。除了大将李通、邓禹、贾复三人参与议论军国大事,其他大多数列侯成为闲员。经过削权封侯,汉光武帝有效地控制了这些将领的军事力量。

封完功臣之后,刘秀又特地下了一道诏书说:"在上不骄,高而不危;制节谨度,满而不溢。敬之戒之!传尔子孙,长为汉藩。"就是说,希望众人不要恃宠而骄,对自己要求要严谨,节制自己的行为,这样就不会有什么危险,并能把爵位传给子孙。光武帝就这样连哄带吓地威慑众臣。

刘秀解除大将兵权时采取的方法,先是启发诱导,"帝在兵间久,厌武事","不欲功臣,拥众京师",促其心领神会,邓禹、贾复等开国元勋洞察上意,既"知帝偃干戈,修文德",于是交出了兵权。继而以关怀仁爱之心,保全功臣晚节,好言规劝,可谓名正言顺、冠冕堂皇。

四是赏赐有加,不时慰问。刘秀虽然解除了功臣的实权,实行了文治,但他不忘旧情,不时赏赐可观的封地、民户和钱帛给功臣。对于已衣锦还乡,不再参与朝政的诸侯,时常派官员前去慰问,并把异域朝贡的珍奇瑰宝、甘鲜美味分赐给这些离职的功臣宿将，使其颐养天年、沐浴皇恩。

正是由于汉光武帝采取了上述一系列刚柔相济的统治措施，并以清明的政治手段稳妥地解决了如何对待开国元勋的问题，从而保持了东汉初期统治局面的相对稳定。

谋略点评

汉光武帝刘秀是我国历史上著名的皇帝之一，史书上称其才兼文武、豁达大度。尤其值得称道的是刘秀驾驭群臣的手段。他对功臣加以爱护，有功之臣都被封了爵位，让他们回到封地上享福，因为他怕这些人再任高官，会犯了错误而受到处罚。自春秋以来，功成名就后杀戮功臣的帝王不胜枚举，可刘秀却对功臣加以保护，在历史上是罕见的。

转移众怨，曹操借粮官头颅安军心

曹操围城攻打袁术城池，久攻不下，十七万大军每日耗费粮食量浩大，诸郡又连年饥荒干旱，接济不上。曹操想催促军队速战速决，无奈袁术部将李丰始终闭城不出。曹军又支撑了一个多月后，粮食将要用完，只得写信向孙策求援，借了粮米十万斛，但仍不能满足支配。

眼看粮食就要耗尽了，管粮官慌忙向曹操告急。曹操闻听此言，不由得紧皱眉头，想下令撤军又心有不甘，可仓促之间到哪里去筹措军粮呢？想了想，他悄悄吩咐道："我军缺粮之事严禁泄露，目前姑且用障眼法暂解一时之急。我军发粮一向都用大斛，为了减少粮食消耗，从现在开始你就改用小斛发粮。"

管粮官对这种自欺欺人的方法表示怀疑，犹豫地问道："自古道，皇帝不差饿兵啊！发粮大斛改小斛后，倘若将士们埋怨起来，该当如何处理？"

曹操斥责道："全军统帅是我，天大的事都由我一人承担，你尽管依令而行，不得有误。"

管粮官只得遵命改用小斛发粮。这人马吃惯了的饭量，突然一减少，肯定是吃不饱，马不会说，人可会闹。如此发放了几天粮食，军中果然怨恨不已。

为平息众怨，曹操马上派人把管粮官抓起来，并屏退左右，亲自进行审问。

曹操说："我想向你借一件东西，以此平息众怨，你可不要吝惜。"

管粮官说："丞相想借什么东西？"

曹操说："我想借你的头颅用以示众！"

管粮官大惊失色，说："我实在无罪！"

曹操说："我知道你无罪,但目前为稳定军心,只能借你项上人头一用。你放心,你死后,我会派人好好照顾你的妻儿老小,你就安心上路吧!"

说完,他下令立刻把管粮官推出去斩首,并将其首级高高地悬挂在一根竹竿上,命人拿到各营示众。并出榜晓示曰:现已查明,管粮官实为粮仓硕鼠,大肆贪污、盗窃军粮,以致军中粮食亏空。管粮官故意以小斛发粮,兵士炊断无力,怨声不绝于耳。现谨按军法从事,处其死罪,杀无赦以平众怨。各路将士,须恪尽职守,奋勇杀敌,若有违法,违抗者一律处斩。

随后,曹操传令立刻把军中剩余的粮食全部发放,将士们见"元凶"伏诛,齐声欢呼,大家用发下来的粮食美美地饱餐一顿。曹操见将士们士气复振,赶紧传令:"三日必须破城,若有退缩违抗者,一律处斩。"曹操亲自督战,有两员裨将畏缩而回,被曹操掣剑斩于城下,此后无人敢退却不前。在曹军孤注一掷地凶猛攻击下,袁军抵挡不住,大败而退。

谋略点评

曹操为了应对缺粮问题,决定让管粮官以小斛发粮,激起众怨之后,却又向主管发粮的军吏借头,嫁祸于人,以平息众怨。曹操借管粮官的脑袋,不仅成功地推卸了自己的责任,更是向全军交了底:粮食就一点儿了,不打败袁军,大家都得饿死。曹操这一手舍车保帅、嫁祸于人的诡计运用得可谓环环相扣、天衣无缝!

巧解威胁，赵匡胤杯酒释兵权

在结束五代十国局面的过程中，北宋统治者着重考虑的问题有两个：一是如何重建中央集权的专制统治，使唐末以来长期存在的藩镇割据局面不再继续出现；二是如何使赵宋王朝长期巩固下去，不再成为五代之后的第六个短命王朝。然而，宋太祖即位后不出半年，就有两个节度使起兵反抗宋朝。宋太祖亲自出征，费了很大劲儿才把他们平定。为了这件事，宋太祖心里总不大踏实。又由于赵匡胤是依靠部下将他"黄袍加身"才登上帝位的，所以他对手握重兵的将领很不放心，整天都在考虑如何避免重蹈前代帝王的覆辙。

有一次，赵匡胤单独找宰相赵普谈话，问道："自从唐朝末年以来，百年之中竟换了五个朝代，军阀们连年征战，不知道死了多少老百姓。这到底是为什么呢？"

赵普回答说："原因其实显而易见。国家混乱，毛病就出在君弱臣强上，藩镇手握重兵，权力太大，朝廷难以驾驭。如果能把掌握在藩镇手里的兵权收归朝廷，天下自然太平无事。"

宋太祖听了连连点头，赞赏赵普说得好。赵普紧接着又建议道："禁军将领石守信、王审琦两人兵权过重，难以节制，还是把他们调离禁军为好。"

宋太祖说："你放心，这两人是我的老朋友，而且我能够登上帝位全靠了他们，他们不会反对我。"

赵普说："我并不担心他们反叛。但据我看来，这两个人没有统帅的才能，管不住下面的将士。有朝一日下面的人闹起事来，也把黄袍披在他们身上，恐怕他们也身不由己呀！"

宋太祖听后吃了一惊，不禁敲敲自己的额角说："亏得你提醒我，看来我必须得想想办法了。"

过了几天，宋太祖在宫里举行宴会，请石守信、王审琦等数位老将喝酒。酒过几巡，宋太祖命令在旁侍者们退出。他拿起一杯酒，先请大家干了杯，说："我要不是有你们帮助，也不会有现在这个地位。但是你们哪里知道，做皇帝也有很大难处，还不如做个节度使自在呢。不瞒各位说，这一年来我就没有一夜睡过安稳觉。"

石守信等人听了十分惊奇，连忙问他为什么。宋太祖说："这还不明白啊？皇帝这个位子谁不眼红呀？"

石守信等人听出话外音来了。大家着了慌，连忙都跪下说："今天命已定，无人敢有异心，陛下何出此言？"

宋太祖摇摇头说："谁人不想富贵？一旦有人把黄袍披在你身上，你即使不想干，又怎么能脱身呢！"

石守信等听到这里，感到要大祸临头，于是连连磕头，含着眼泪说："陛下，我们都是粗人，没想到这一点，请陛下指引一条出路啊！"

宋太祖说："人生在世，好像骏马掠过缝隙一样快，不如多积聚些金银、多购置些田产房屋留给子孙，多养些歌儿舞儿来度过一生。君臣之间，没有猜忌，不亦乐乎！"

石守信等听了如获大赦，齐声说："陛下为我们想得太周到啦！"

酒席一散，大家各自回家准备辞职。第二天上朝时，每人都递上一份奏章说自己年老多病，请求辞职。宋太祖马上照准，收回他们的兵权，赏给他们一大笔财物，打发他们到各地去做闲官去了。

过了一段时间，宋太祖故技重施，在后苑大宴前来京城朝见的各藩镇节度使。酒酣之际，宋太祖对他们说："你们都是朝廷的元老重臣，早年为国家立下了汗马功劳。如今还要让你们继续料理藩镇的繁杂事务，朕真是于心不忍啊！"

永兴军节度使王彦超听出了宋太祖的弦外之音，赶紧接口道："末将年迈体衰，执掌军务早已觉得力不从心，希望陛下准许末将告老回乡以颐养天年。"

武行德等几个节度使不知趣，在宴席上唠唠叨叨地把自己以前的战功夸耀了一番，听得宋太祖直皱眉头，对这些人愤然斥责道："好汉不提当年勇。这都是些陈年老账了，有什么值得夸耀的呢？"

第二天，宋太祖直接下旨将这些"不识好歹"的节度使的兵权全部予以解除。

宋太祖收回兵权以后，建立了新的军事制度，从地方军队挑选出精兵，编成禁军，由皇帝直接控制；各地行政长官也由朝廷委派。通过这些措施，新建立的北宋王朝逐渐稳定下来。

谋略点评

自古以来，如何对待在打天下过程中立下汗马功劳的开国功臣，一直是皇帝们头痛不已的问题。开国功臣战功显赫，在军队中享有很高的威望，建国后再让这些人长期执掌军权，势必对皇权构成极大的威胁。为保天下长治久安，大肆杀戮功臣成为许多开国帝王的必然手段。而宋太祖对功臣们采用"旁敲侧击"的方式，通过言语隐晦地表达了自己的担忧，巧妙地解决了政局中的不稳定因素，既避免了君臣之间的矛盾冲突，又巩固了自己的地位，真可谓一举两得的上策。

跟踪刺探，雍正派遣密探监督群臣

雍正皇帝即清世宗爱新觉罗·胤禛，是康熙皇帝的第四个儿子，也是清军入关后的第三位皇帝。

清朝康熙皇帝子嗣众多，雍正皇帝是经历了多年残酷的皇位争夺战才得以最终胜出的。兄弟之间长期处于尔虞我诈的夺嫡斗争中，时刻算计别人，也时刻被别人算计，促使雍正养成了多疑的性格，他不信任任何人。

雍正即位时已四十五岁，加之此前的经历，使他比较了解世情，并具有丰富的统治经验。即位后，他在政治上采取多种措施以巩固自己的皇位，首先是消除异己，分化瓦解诸皇子集团。为了防止有实权的大臣背叛自己，他还暗中派遣众多密探，对朝廷重臣进行全天候的跟踪刺探，尽可能掌握大臣们各方面的实际情况，致使大臣们的个人生活毫无隐私可言。

有一天，大臣王云锦散朝回家后，晚上与妻儿老小打麻将消遣，正在玩得高兴之际，一张"二万"掉到地上怎么也找不到，一家人只好扫兴地收场了。第二天上朝，雍正笑着问他："王爱卿，昨晚在忙些什么呀？"王云锦是个老实人，不知皇上为何忽然有兴趣关心起自己的私事，忙战战兢兢地如实回复道："微臣胸无大志，昨晚一时兴起，同家打打麻将而已，实在惭愧之至。"雍正进一步问道："爱卿雅兴不浅呀，昨晚麻将打得怎样？"王云锦讪讪地答道："本来玩得挺痛快的，谁知一不小心把一张'二万'掉到了地上，也真是邪门，竟然半天都没找到，一家人就没再继续玩了。"雍正笑笑，从怀里摸出一张麻将牌递给王云锦，问道："爱卿仔细看看，昨晚丢的是不是这张牌呀？"王云锦定睛一看，一点儿不差，正是自家昨晚丢失的那张"二万"，当即吓得脸色苍白，跪在地上磕头如捣蒜，颤声告罪道："微臣该死，微臣玩物丧志，请皇上重重责罚。"雍正微笑着说："爱卿请起，公务之余玩玩麻将，与家人共享天伦之乐，也是人之常情，朕岂能怪罪。"接着他话风一转，严肃地对其他大臣说道："王爱卿真是个大忠臣，连打麻将这样的小事都对朕实言相告，真是君臣同心啊！朕希望诸位爱卿都能以王爱卿的一片拳拳忠君之心为楷模。"

雍正除了派密探监视朝廷大臣的私生活，更对在外地做官的封疆大吏监视尤为严格。大臣王士俊就任山西按察使，离京前向大学士张廷玉告辞，张廷玉把一个仆人推荐给他。到山西上任后，王士俊发现这个仆人办事干练、为人谨慎，就将其倚为心腹之人，许多机密重要之事都交由他去办理。一晃几年过去了，王士俊任期届满准备回京，这个仆人忽然要求告辞离去。王士俊很是不解，问他为什么要这样做。那人回答说："我本是宫中的侍卫，皇上把我派到你身边，负责随时监视你的动向。你这几年在山西做官，还算尽职尽责，没有什么大差错。我要先行一步回京向皇上禀报，顺便替你说上几句好话。"王士俊听后，吓得两腿发软，幸亏自己这些年在山西为官，没做过什么对皇上不忠的事，也没有亏待过这个人，否则后果真不堪设想啊！

雍正不仅在王士俊身边安插了一个密探，而且还让大臣傅泰暗中察访，并让他们互相监督，以此来驾驭大臣们。

有一次，雍正让广东巡抚傅泰暗中察访王士俊。傅泰认为皇上十分信任自己，便尽力察访，并向雍正密报说："王士俊很能干，办事勤勉快捷，担任藩司的职务十分称职。但是，从他的言行来看，似乎有得意骄横的迹象。"

不料，雍正又暗中让王士俊监视傅泰。有一次，他在王士俊送来的报告上批道："傅泰的看法自以为是，你认为是这样吗？他这个人的品行怎么样，心里面有什么志向，办事的才干怎么样，领导下属是不是公私分明，你要秉公如实地向我报告。"

这些批语是让王士俊悄悄观察傅泰的为人。王士俊并不知道自己也受到傅泰的监视，他在给雍正的报告中说："傅泰心里没有主见，对事情不置可否。偶尔发表意见，也是平平常常，据说他在办理广东海关陈炳文、范九锡、潘栋、高维新和柳大本五人的事时,向每人收取了三百两白银。我不敢说傅泰的品行是廉洁的。"

谋略点评

雍正上台后时刻担心被别人算计,他不相信大臣们普遍具有忠君的思想修养,因而寄希望于通过安插密探、让手下大臣互相监督等外制手段来驾驭和控制群臣,使群臣的一举一动尽在其掌握之中,搞得群臣人人自危,时刻担心背后有人在监视自己。慎独对一个人来讲本来是最困难的事,雍正用密探来逼着大臣们自律,这可能是雍正一朝贪污腐败现象远较其他各朝少的一个重要原因。

知人善任

——用人谋略

任用、管理下属,是领导者的一项长期性工作。用人得法,就能充分发挥下属的作用;用人不当,往往会导致事业的失败。而用人之道,首在识人。清代思想家魏源曾经说过:"不知人之短,不知人之长,不知人长中之短,不知人短中之长,则不可用人。"知人是用人的前提。因此,领导者要运用智谋,练就一双识别人才的火眼金睛,善于发现和使用人才,把最合适的人安排在最合适的岗位上。

用心良苦，武丁借梦求贤相

商朝的君王都是最大的奴隶主，他们的王位是建立在广大奴隶的白骨之上的。但也有个别贤明的君王，不分贵贱，打破祖宗传下来的常规，能在奴隶中选用人才。武丁就是这样一个君王，历史留下了他借梦求贤相的佳话。

武丁是盘庚的侄子。盘庚死后，他的弟弟小辛继立，就是小辛帝。小辛帝死后，由弟弟小乙继位。小乙把儿子武丁放到平民中去生活，为的是磨炼他吃苦耐劳的精神。武丁同平民子弟一起玩耍、干活，慢慢地学会了种田、砍柴等劳动本领，养成了俭朴的生活习惯，还同一个比他年长二十岁名叫傅说的奴隶交上了朋友。

傅说虽是奴隶，但聪明能干、文武全才，他觉得武丁不歧视奴隶，就将自己的知识传授给了武丁。小乙死后，儿子武丁继位，成了商朝的第二十二代君王。他即位以后，一心想当个贤明的君王，潜心思考治国大计。他想，先祖商汤能够灭夏建商，是因为有贤相伊尹辅助国政，自己也应该选个贤相来处理朝政。这时他想起了十三年前的好朋友傅说。他认为凭傅说的才干，必能成为自己的好帮手。但傅说是个奴隶，让他任国相，贵族和大臣们肯定不同意。再说也没有这个先例，伊尹虽然也做过陪嫁奴隶，但他毕竟不是真正的奴隶，只是以奴隶之名来晋见商汤的。而傅说的奴隶身份是确定无疑的，这事该怎么办？

一天他突然昏了过去，等醒来之后，再也不说话了。就这样武丁整整三年没说一句话，举国上下都为他的怪病感到焦虑不安。到了第三个年头，有一天，武丁忽然笑了笑，竟然开口讲起话来，他说："真是一场好梦啊！"

大臣们忙问："不知大王梦见什么，如此高兴？"

武丁笑着说："先祖商汤托梦给我，说有个大贤叫傅说，可以做我们的国相。

先王还把傅说带到我的床前，要我请他为相，商朝一定能复兴起来，我一笑就醒了，原来却是一个梦。你们赶快把傅说给我请来！"

大臣们又说："傅说在什么地方，长得什么样子？"

武丁故作思考状，想了一会儿说："傅说在傅岩这个地方，傅说四十多岁年纪，中等身材，膀阔腰圆，面黑短须，身穿麻布衣服，快去寻找。"

大臣们不敢怠慢，忙派出特使来到傅岩这个地方。特使来到傅岩，见那里许多奴隶身穿囚衣在夯土筑墙，一个个满身泥点，挥汗如雨。特使找到监工的奴隶主问："这里有个叫傅说的人吗？"

监工指着一个正在夯墙的奴隶说："他就是傅说。"

特使见傅说长得与武丁所说一模一样，深信不疑，便弓身迎了上去说："小臣奉大王之命，特来迎大贤进宫任事。"

傅说也一直想念武丁，听说武丁做了国王，料想他早就忘了自己这个奴隶朋友，现见武丁专派特使来接自己进宫，不由得喜出望外。当即有人给他解开捆绑的绳子，换了囚衣，拥上马车，直向都城驰去。

武丁听说傅说来了，忙以礼相待，尊敬有加，让他换上官服，准备引见给大臣们。

次日在朝会时，武丁指着傅说对众臣说："他就是先王梦中引荐给我的大贤人傅说，我现在宣布，解除傅说的奴隶身份，并任命为国相，望大家与他同心协力，共辅朝政，相信必将振兴朝纲，日后定当论功行赏。"

武丁三年不说话，借梦求相，可谓用心良苦。大臣们虽然对一个奴隶担任国相心中有些不服，不过他们都很迷信，不服傅说，却信商汤，既然先王引荐人才，必定有道理。倘若惹恼早已升天的先王，将会引来灾祸。于是众臣纷纷叩拜在地向武丁欢呼："恭贺大王求得贤才，国家添色，山河争辉，真是我商朝的大幸事啊！"

傅说从奴隶到国相，环境、使命都有极大的转换。他感激武丁对他的信任和器重，尽心竭力为国操劳。加之他本是个贤才，所以在短短的三年时间里，使商朝国富民强，众属国也很听命。

武丁见傅说治国有方，当然非常高兴。原来那些不服气的贵族和大臣也都对傅说口服心服了。

谋略点评

一个人欲成大事，少不了人才的帮助，所谓得人才者得天下。傅说就是一个不可多得甚至是绝无仅有的人才。傅说的身份是再低贱不过的奴隶，武丁不但不嫌弃傅说的卑贱地位，甚至为了得到傅说而不惜装聋作哑达三年之久，可谓用心良苦。

从这个事例中，我们不难得到这样的启示：人本无高低贵贱之分，人的才能也跟本身所处的地位没有关系，切忌以貌取人或以地位论人，不光是在求贤任能方面要以恭敬的态度对待他人，就是在平常的为人处世中，也不可轻视疏慢地位不高的人。这不仅是个人良好品德和修养的表现，更是一个成大事者必须具备的胸襟与气度。

求贤若渴，昭王千金买马骨

燕昭王名职，是燕王哙之子、太子平之弟。燕国本来也是个大国。公元前314年，燕王哙将王位禅让于燕相子之，燕太子平与子之争夺王位，致使燕国发生内乱。齐宣王则趁火打劫，借口平定燕国内乱，出兵伐燕，仅用五十天就攻下了燕都蓟城（今北京市西南），杀死了燕王哙与子之，企图灭亡燕国。这不仅引起燕国人民强烈的反抗，也招致中原各国的干涉。之后，齐国被迫从燕国撤兵，赵武灵王便把原在韩国做贡子的燕公子职护送回国即位，是为燕昭王。

燕昭王即位之时，国内一派凄凉景象：田地荒芜，房屋倒塌，百姓在废墟上啼饥号寒。燕昭王奋发图强，决心复兴燕国。他深知治理国家，最要紧的是延揽众多的人才，有了人才才能百废俱兴。但如何觅求贤才，昭王苦苦寻思，食不甘味，寝不安席。于是，有人便给求贤若渴的燕昭王出主意说：老臣郭隗挺有见识，不如去找他商量一下。燕昭王便立即亲自登门拜访郭隗，对郭隗说："齐国利用我国内乱，攻破我国。我知道现在我们国小力弱，不能报仇。不过，如果能得到贤才帮助我治理国家，那么我相信先王的深仇大恨一定能报。您能不能给我推荐几个这样的人才呢？"

郭隗说："成就帝业的国君以贤者为师，成就王业的国君以贤者为友，成就霸业的国君以贤者为臣，行将灭亡的国君以贤者为仆役。如果能够卑躬屈节地侍奉贤者，屈居下位接受教诲，那么比自己才能超出百倍的人就会光临；早些学习晚些休息，先去求教别人，过后再默思，那么才能胜过自己十倍的人就会到来；别人怎么做，自己也跟着做，那么才能与自己相当的人就会到来。如果凭靠几案，拄着手杖，盛气凌人地指挥别人，那么供人驱使跑腿当差的人就会到来；如果放纵骄横，行为粗暴，吼叫骂人，大声呵斥，那么就只有奴隶和犯人来了。这就是古往今来施行王道和招揽人才的方法啊。大王若是真想广泛选用贤者，就应该亲自登门拜访，天下的贤人听说大王的这一举动，就一定会赶着到燕国来。"

燕昭王说："我倒真想向所有的贤人学习，只是不知道先去召见谁最合适？"

郭槐没有直接回答，而是讲了一个故事。古时候，有个国君，最爱千里马。他派人到处寻找，但是找了三年都没找到。有个侍臣打听到远处某个地方有一匹名贵的千里马，就跟国君说，只要给他千金，准能把千里马买回来。那个国君非常高兴，就派侍臣带了千金去买。没料到侍臣到了那里，千里马已经害病死了。侍臣想，空着双手回去不好交代，就把带去的金子拿出一半，把马骨买了回来。侍臣把马骨献给国君，国君大发雷霆，说："我要你买的是活马，谁叫你花钱把没用的马骨买回来？"

侍臣不慌不忙地说："大王息怒。我之所以要买这副死马骨，还是为了得到千里马。您想，我用那么多黄金买了马骨，别人一定会认为大王是真的爱惜千里马，为买马骨都肯出天价，更何况活马呢？君王访求千里马的诚意一定会很快传遍天下。要不了多久，日行千里的骏马就会送到国君面前。"

果然，不出一年，这位国君就从四面八方得到了好几匹千里马。

郭隗说完这个故事，说："大王如果真想招揽天下贤士，就请权且把我郭隗当马骨来试一试吧。连我这样的老朽都能受到重用，难道还怕千里之外的贤者不来吗？"

燕昭王听后深受启发，特地为郭隗建筑了一座宫殿，还拜郭隗为老师，不仅恭恭敬敬地听郭隗讲课，而且还像弟子侍奉老师那样亲自端茶送饭。燕昭王又在易水之旁筑一高台，把它叫作"招贤台"，又叫"黄金台"，把黄金堆放在上面，准备随时奉送天下贤士。

燕昭王爱贤敬贤的名声不胫而走，风传天下，各国才士争先恐后地奔赴燕国，其中不乏名士：如武将剧辛从赵国来，谋士邹衍从齐国来，屈庸从卫国来，乐毅从魏国来……真是人才济济。邹衍是阴阳五行家，当时已名闻天下。他在齐国时就受到尊重；周游魏国时，魏惠王亲自跑到郊外去迎接；到赵国时，平原君侧着身子走路来迎接他，并用衣袖替他拂去座席上的灰尘，毕恭毕敬。燕昭王迎接邹衍时，比魏、赵更为恭谨。他亲自用衣袖裹着扫把，退着身子边走边扫，在前面清洁道路。入座时昭王主动坐在弟子座上，敬请邹衍以师长身份给自己授业。昭王特意为邹衍修建了一座碣石宫，供其居住讲学。后人因此便用"拥彗先驱"和"碣石宫"来比喻用优厚待遇尊礼贤才。昭王的这些做法引起了很大的反响，投奔燕国的士人更为踊跃。昭王大开国门，不拘一格地广为接纳，不唯欢迎知名学者，而且把那些有志灭亡齐国、熟悉齐国险阻要塞和君臣关系、善于用兵打仗的士人，尽数收留下来，并给予优厚的待遇，多方积蓄力量，以利兴燕破齐。聚集于燕都辅助燕昭王振兴燕国的众多士人之中，最杰出的人物要数乐毅。乐毅是名将乐羊之后，才学出众，深通兵法，曾被荐为赵国官吏，为了躲避赵国内乱，到了魏国。他听说燕昭王礼贤下士，遂生向往之心。正巧乐毅为魏出使燕国，昭王十分恭敬地客礼相待，乐毅颇受感动，决意留在燕国，昭王随即任其为亚卿，委以国政和兵权。

乐毅倾全力协助昭王改革内政、整顿军队。首先，针对燕国法度弛坏、官吏营私的严重局面，乐毅教昭王制定法律，严厉法制，加强对官吏的审查和考核；其次，确定察能而授官的用人原则，摈弃"亲亲""贵贵"的择人传统，廓清当权时拉帮结党、滥用亲信的劣迹，使燕国的吏治日趋清明；再次，建议昭王对那些遵守国家法度的顺民，包括身份低下的贫民和一部分奴隶，都以一定制度予以奖励，以安定社会秩序。在军事上，乐毅着重进行战法和纪律训练，尽快提高燕军的战斗力。昭王还注意吊死问孤，去抚慰那些有丧葬之忧的人家；对那些有生育之喜的夫妇，昭王也派人去祝贺，给予关怀。昭王与庶民百姓同甘苦、共命运，争取全国各阶层对自己统治的拥护。

昭王在乐毅等人的辅助下，使燕国一天天富强起来，经过二十八年的努力，联合秦、楚等国一起攻打齐国，终于将齐国打败，收复了全部失地。

谋略点评

　　燕昭王求贤纳士的故事说明，真正有志于天下的当权者，不但求贤若渴，而且都知道人才是事业的第一要务。燕昭王即位后，接受并奉行郭隗的人才理论，以"重金买马骨"的策略来招揽人才，使大批人才纷至沓来。燕昭王深知复兴燕国主要在于罗致人才这个关键因素，屈身礼士，用人不疑，终于使自己多年来孜孜以求的愿望得以实现，使燕国发展到鼎盛时期，他自己也跻身于战国七雄重要国君的行列。

不拘一格，鸡鸣狗盗有大用

齐国的孟尝君田文为"战国四公子"之一。他喜欢招纳门客，门客多达三千之众，三教九流无所不备。他对门客皆视为兄弟，以礼相待，让他们各尽其能。

据说，孟尝君自己不仅在吃穿用度上与门客一律平等，而且听说哪个门客的家庭有困难，他也会伸出援助之手，帮助他们渡过难关。孟尝君每当接待宾客，与宾客谈话时，总是在屏风后安排侍吏，记录孟尝君与宾客的谈话内容、所问宾客亲戚的住处。宾客刚刚离开，自己就派使者到宾客亲戚家里抚慰问候、献上礼物。有一次，孟尝君招待宾客吃晚饭，有个人遮住了灯光，那个宾客很恼火，认为饭食的质量肯定不相等，放下碗筷就要辞别而去。孟尝君马上站起来，亲自端着自己的饭食与他的相比，那个宾客惭愧得无地自容，就以刎颈自杀表示谢罪。因此，很多人都情愿归附孟尝君。孟尝君对于来到门下的宾客都热情接纳，不挑拣，无亲疏，宁肯舍弃家业也一律给予他们丰厚的待遇，因此天下的贤士无不倾心向往。孟尝君的名气也越来越大，连秦王都感到既羡慕又害怕。因为这些人一旦团结起来，计策层出不穷，治国方略就不在话下了，那么齐国很快就会强大起来，对秦国构成威胁。

为了解除后患，秦国提出要与齐国互换人质。孟尝君以人质的身份去咸阳的时候，随行带了一大帮门客，秦昭襄王亲自欢迎他。孟尝君献上一件纯白的狐狸皮袍子作见面礼。秦昭襄王知道这是很名贵的银狐皮，很高兴地把它收藏了起来。

秦王本来打算请孟尝君当丞相，却遭到了一些大臣的反对，纷纷说："孟尝君是齐国贵族，当丞相后必定替齐国打算。他声望又高，手下人又多，如果当权，秦国不就危险了吗？"秦王无奈，想把他送回去，但又担心他了解了很多秦国的情况，对秦国不利，而杀掉他又不合适，于是就把他软禁起来了。

孟尝君十分着急，他打听到秦王身边有个宠爱的妃子，就托人向她求救。那个妃子叫人传话说："叫我跟大王说句话并不难，但我也要一件银狐皮袍。"

孟尝君和手下的门客商量，说："我就这么一件，已经送给秦王了，哪里还能要得回来呢？"

其中有个门客说："我能拿到那件白色狐裘。"原来此人不仅善学狗吠，也善穿墙偷盗，于是当夜化装成狗钻入了秦宫中的仓库，取出献给秦王的那件狐白裘，拿回来献给了他的宠妃。在妃子的一再催劝下，秦王终于同意发放过关文书，让孟尝君回国。

孟尝君一行得到文书后，急急忙忙地往函谷关跑去。他怕秦王反悔，还改名换姓，把文书上的名字也改了。到了关口，正赶上半夜，依照秦国的规矩，每天早晨，关口要到鸡叫的时候才许开门放人。大家正在愁眉苦脸盼天亮的时候，忽然有个门客捏着鼻子学起公鸡叫来，一声跟着一声，引得关内外的鸡大叫起来。守关的官吏以为天明了，就开了关门。验过过关文书，便让孟尝君出了关。

秦王果然后悔了，立即派兵追向函谷关。追兵到了关口，见关口已开，就查看过关文书，文书中并无孟尝君等人。追兵以为他们尚未到达，就耐心地等起来。等他们弄清情况，孟尝君等人早已出了秦国国界，再也无法追上了。这就是著名的"鸡鸣狗盗"的故事。当初，孟尝君把这两个人安排在宾客中的时候，宾客无不感到羞耻，觉得脸上无光，等孟尝君在秦国遭到劫难，最终却靠着这两个人解救了他。自此以后，宾客们都佩服孟尝君广招宾客、不分人等的做法。

谋略点评

"鸡鸣狗盗"的故事主要给人们带来两个思考：一是要进行人才储备。孟尝君断然不会想到有一天他会被秦王追杀，但是他所养的两个门客却在关键时刻救了他一命。二是用人要不拘一格。如果孟尝君的门客中都是一些只会念死书的儒生，而没有这两个鸡鸣狗盗之辈，恐怕他的性命也要在秦国休矣。可见，不拘一格选人才，既是知人用人的准则之一，也是事业能否取得成功的一个重要因素。

不计前嫌，文公容人有雅量

春秋时期，晋国国君晋献公昏庸无道、是非不分。晋献公的宠妾骊姬为了立自己的亲生儿子奚齐为太子，就唆使晋献公逼死了其已故夫人齐姜所生的太子申生。紧接着，晋献公又听信骊姬的谗言，派勃鞮到蒲城追杀自己的次子重耳。重耳认为勃鞮是奉君父之命而来，自己作为国君的儿子和下臣，不能同他发生正面冲突，于是越墙而逃。勃鞮在后面紧追不舍，一刀砍断了重耳的袖子。重耳一路狂奔，得以逃脱，赶紧逃到自己母亲的祖国狄国避难去了，在狄国一住就是十二年。因重耳一贯喜爱结交贤士，晋国一批有才干的名士，包括狐毛和狐偃兄弟、赵衰、先轸、介子推等人，都纷纷赶到狄国追随他。

公元前651年，晋献公去世，晋国发生动乱，直到晋献公的第三个儿子晋惠公夷吾即位后，局势才逐渐稳定下来。可晋惠公却认为兄长重耳的存在是对自己地位的一个巨大威胁，于是又派勃鞮到狄国去刺杀重耳。重耳闻讯后，赶紧逃离狄国。这时，一直负责掌管重耳行李的管家头须，见成天跟着重耳东躲西藏一点盼头都没有，就携带着重耳交给他掌管的行李趁乱自行逃开了，害得重耳一行人两手空空，不得不四处乞讨为生。

公元前637年，晋惠公去世，晋怀公即位，晋国局势动荡，人心思变。晋国大夫栾枝等人暗中劝说正在秦国流亡的重耳回国争夺君位，他们愿做内应，于是秦穆公派兵护送重耳回国。重耳一行人在秦国大军的护送下，来到秦晋交界的黄河边，看见河对岸阔别多年的故土，重耳流下了激动的泪水。过河的时候，看管重耳行李的仆人把过去落难时用的物品全都搬到了船上，重耳见了觉得非常晦气，就命人把这些东西统统扔到河里去。多年追随重耳在外流亡的狐偃一见，心里一下子凉了半截，赶忙跪下说："现在公子外有秦国大军护送，内有朝廷重臣接应，回国即位指日可待，我们也就放心了。公子即位自然是万象更新，我们这帮跟随公子多年的老臣使命已经完成，就不必回去给公子丢人现眼了。就像公子刚才下令扔掉的旧衣服、旧鞋子一样，还是让我们留在黄河这边吧！"重耳一听，恍然大悟，立刻让人把丢下的旧物全都搬上船来，并当着众人的面发誓道："我重耳一定暖不忘寒、饱不忘饥，对过去与我患难与共的旧臣没齿不忘。"见重耳说出这样一番肺腑之言，狐偃等人这才跟随他过了河。

第二年，护送重耳回国的秦军击败晋怀公派来抵抗的晋军，晋怀公弃城而逃，不久被人刺死。前后流亡在外达十九年之久，时年已六十二岁的重耳终于当上了晋国国君，这就是晋文公。重耳即位后，支持晋惠公、晋怀公的残余势力害怕重耳找他们秋后算账，就密谋焚毁重耳居住的宫殿，活活烧死重耳。当初曾经两次奉命追杀重耳的勃鞮知道了他们的密谋，打算报信，请求觐见重耳。重耳拒绝接见，并派人斥责勃鞮当年在蒲城斩断自己衣袖，又在狄国行刺的罪行。勃鞮说："我过去奉当时国君的命令追杀您，是不得已而为之。现在您为前仇不肯见我，只怕灾难又要降临，而像我这样曾经得罪过您的人都不敢为您效力了。"重耳于是转变态度，接见了他，这才得知叛乱分子的阴谋，便迅速离开国都绛，秘密去秦国搬救兵。秦穆公把焚毁宫殿后，找不到重耳而引兵追来的叛乱分子诱到黄河边上予以全部消灭。

重耳平定叛乱后，马上采取措施安定人心。他虽然下了一道布告，宣布乱党头子已被全歼，其余概不追究，但原来支持过晋惠公、晋怀公的大臣们还是不敢相信，人心依然浮躁不安。重耳正为此事犯愁，当年那个挟带他的行李自行逃走的管家头须前来拜见。重耳一见之下，便想起自己以前因为他携物潜逃而被迫四处乞讨的狼狈相，当即破口大骂。没想到头须却一本正经地说道："我现在来见您，来得正是时候。目前外面谣言四起，没人相信您会宽恕那些以前曾经冒犯过您的人。如果能让我为您驾车，在大街上转上几圈，大家看到像我这样背叛过您的人尚且能够得到您的原谅，那就没有人担心自己会受到追究了。"重耳觉得言之有理，就照他的话去做，果然平息了谣言，安定了人心。

谋略点评

"春秋五霸"之一的晋文公重耳两次被自己的父亲和兄弟派人追杀，在外流亡19年，即位时年已62岁，真可谓是备尝人生的艰辛了。他在即位之后不计前嫌，大胆起用当年曾经冒犯过自己的仇人，其胸怀之宽广为一般君主所不及，因而很快安定了人心，迅速巩固了自己在外国军队保护下刚刚建立的统治。领导者得势后尤其要注意收取人心，不能搞亲亲疏疏那一套，要一碗水端平，不能做秋后算账的事。对过去曾经拥护和反对过自己的人都要加以善待：既不能忘记当年与自己患难与共的故人，也应该不计前嫌地任用曾经反对过自己的仇人。只有这样，才能得到下属的广泛支持，从而巩固自己的领导地位。

容人小过，庄王绝缨得死士

"春秋五霸"之一的楚庄王是一位具有雄才大略的君主。在平定若敖氏叛乱后，楚庄王非常高兴，于是大宴群臣以示庆贺。他举起酒杯对群臣说："寡人即位以来，日夜忧心国事，已经多年没有饮酒了。如今叛贼伏诛，寡人多年的忧愁一扫而空，这都仰仗众爱卿同心协助之功。寡人今晚破例，与众爱卿共谋一醉。"群臣频频举杯，向楚庄王敬酒，君臣开怀畅饮。

酒酣耳热之际，楚庄王一时兴起，命自己的宠妃许姬出来为群臣斟酒助兴。许姬长得貌美如花，群臣一见之下，都不禁啧啧称羡。正在这时，忽然刮起一阵狂风，将堂上蜡烛全部吹灭，大堂上顿时漆黑一片。正挨个给群臣斟酒的许姬忽然发觉朦胧中一个高大的男人凑到自己身边，还伸出一只有力的大手把自己的纤纤玉手强行捏住，极不规矩地抚摸着。许姬羞怒交加，拼命挣脱这个男人的纠缠，并顺手揪下他的帽缨，走到楚庄王面前悄悄说："大王，刚才臣妾奉令斟酒，蜡烛熄灭之时，群臣中竟然有人趁暗拉住臣妾的手加以调戏，臣妾已将其帽缨揪落，请大王赶紧下令点烛，抓住那个帽上无缨的混蛋。"楚庄王一听，勃然大怒，竟然有人敢调戏自己的爱姬，这还了得！刚想下令马上点燃蜡烛，查出是谁干的丑事，可转念一想，酒后乱性乃人之常情，谁没有饮酒失态的时候？不就是摸了下手嘛，还是不要小题大做的好，以免伤了君臣的和气。想到这里，楚庄王高声叫道："先别忙着点蜡烛。今晚大家痛饮，不必穿戴整齐了，都把帽缨摘下来吧！"群臣都莫名其妙，但既然楚庄王有令，只好稀里糊涂地把自己的帽缨摘下。事后楚庄王安慰许姬说："群臣饮酒过量，一时起了酒兴，又见了你这样的大美人，谁能不动心？好在没有发生什么太出格的事，我们还是难得糊涂为好。"

三年过后，楚国和晋国为了争夺中原霸权而展开决战。楚军五次与晋军交战，楚将唐狡身先士卒地向前冲杀，晋军竟无人能够抵挡。在他的带动下，楚军将士都士气高昂，奋勇杀敌，打得晋军狼狈而逃。楚庄王大为高兴，要重赏唐狡。谁知唐狡却红着脸说："大王切莫重赏，只要不治我的罪，末将就已感激不尽了！"楚庄王奇怪地问："将军何出此言，寡人怎么听不明白呀？"唐狡低下头说："大王是否还记得三年前的那次庆功宴，末将酒后失德，竟然趁暗去拉大王爱姬的手。蒙大王昔日不杀之恩，末将今日才舍命相报啊！"楚庄王道："人非圣贤，孰能无过？将军乃国之干城，昔日不过是醉后失礼而已，寡人岂能为显示妇人的贞节而羞辱勇士呢？"言毕，仍命人重赏唐狡。

谋略点评

人非圣贤，孰能无过？宽容下属小的缺点和不足，原谅甚至掩盖下属小的过失，给予下属改过自新的机会，让下属感恩戴德，领导者常常能因此而收到丰厚的回报。楚庄王容人小过，最终得到了唐狡的拼死回报。很多时候，我们都需要宽容，宽容不仅是给别人机会，更是为自己创造机会。

谦恭纳士，信陵君屈己待人

信陵君无忌是战国时魏国人，和赵国平原君赵胜、齐国孟尝君田文、楚国春申君黄歇合称"战国四公子"。信陵君为人仁爱宽厚，礼贤下士。传说信陵君早年时期的一天早晨，他刚吃完早餐，有一只鸠被凶猛的鹞追杀，信陵君让鸠藏匿起来，等鹞飞走后，他再叫出鸠。谁知狡猾的鹞就躲藏在附近，见鸠一飞出来，就一把抓住了鸠，并吃掉了鸠。信陵君自责：正是由于自己的一时疏忽，才导致鸠的死亡。他下令四处捕捉鹞，共捕得一百只鹞，然后逐一排查，最后把捕杀鸠的"凶手"查了出来。信陵君放了其他的鹞，再把凶手鹞杀掉，以祭奠鸠的亡灵。

人们听说信陵君不辜负一只鸠，更何况人呢！其信义、胸怀堪称表率。于是，四面八方的游士纷纷投奔到他的门下，其门客多达三千余人。所以魏无忌威名远扬，各诸侯国连续十多年都不敢动兵侵犯魏国。

当时魏国有个隐士，叫侯嬴，原是魏国都城大梁一个毫不起眼的守门人，已七十多岁了，整天沉默寡言的，别人都不怎么搭理他。信陵君却察觉侯嬴是一位极有见解和智谋的有识之士，着意与之结交，意图收为己用。

有一天，信陵君亲自登门拜访侯嬴，并向其馈赠重金作为见面礼。侯嬴冷冷地推辞道："老夫一生清贫自守，决不收受别人的钱财。"信陵君只好说："先生是国之大贤，我前来拜访乃是出于一片至诚。区区薄礼只是聊表敬意而已，绝非故意亵渎先生。既然先生不收，我也不敢勉强。不如另择良辰吉日，我在家中宴请先生，恳请先生务必大驾光临。"侯嬴推辞不掉，只得应允下来。

到了约定的日子，信陵君在家中摆下丰盛的宴席款待侯嬴，大梁城中有头有脸的名门显贵都应邀作陪。待前来作陪的宾客都到齐后，信陵君率领一队车马，空出车中左边最尊贵的座位，亲自去迎接正在守城门的侯嬴。侯嬴见到信陵君后，连让都没让一下，就毫不客气地坐在车里的尊位上，让信陵君拿着鞭子坐在旁边给他赶车，并要马车特意绕行大梁最繁华的街道。当马车经过一个市场时，侯嬴突然说："老夫有个叫朱亥的老友在这市场里卖肉，我们已经多日未见了，现在正好路过，老夫想过去看望一下，麻烦公子等一等。"说完，侯嬴就下车扬长而去，信陵君赶紧随同前往。

当侯嬴在市场里找到朱亥，两人相互寒暄时，信陵君就站在一旁默默等候。过了很长时间，信陵君脚都站麻了，侯嬴却仍和朱亥聊个没完。信陵君的随从实在忍不住了，纷纷小声抱怨侯嬴倚老卖老，太不识抬举了。信陵君听到后连忙厉声予以喝止。见当朝的贵公子信陵君竟然不声不响地站在市场里，看热闹的人越集越多，等弄清情况后，都众口一词地指责侯嬴。侯嬴一边和朱亥聊天，一边偷眼观察，发现信陵君等得越久，脸上的神情反而越加谦恭。他这才辞别朱亥，上车跟信陵君前去赴宴。

信陵君家里请来的陪客早已经等得不耐烦了，可谁也不敢离开。望着宴席上空着的首席，众人窃窃私语，猜不透信陵君请的是何方贵客，难道是魏王要亲自驾临吗？大家心里忐忑不安地想着。当信陵君毕恭毕敬地陪着侯嬴步入宴席时，侯嬴毫不谦让地坐在首席上，心安理得地接过信陵君斟满的酒一饮而尽。众人一看，信陵君请的贵客居然是一个名不见经传的糟老头子，不觉大失所望。可碍于信陵君的面子，大家不好说什么，便都坐下来闷头喝酒。

酒宴散后，侯嬴这才悄悄对信陵君说："老夫本是个看守城门的无名小卒，承蒙公子错爱，亲自登门拜访，又设宴款待，不胜荣幸之至。老夫让公子在市场里等了那么久，围观的人都觉得这实在是太不应该了。老夫为什么要这样做呢？这都是因为公子厚待老夫，老夫无以报答，所以才用这种方式成全公子的名声啊！老夫让公子纡尊降贵地站在市场里等着，那么多人骂老夫不识抬举。别人越骂老夫，越替公子抱不平，就越敬佩公子礼贤下士的风范。老夫赴宴故意来晚，让公子邀来的达官显贵们等得心焦，又毫不客气地坐了首席，也是同一道理。在座的达官显贵们哪一位不从心里钦佩公子的容人之量呢？公子天生睿智，路人皆知。如今公子礼贤下士的名声再传扬开去，必然天下归心，公子的前程将不可限量啊！"信陵君听了这番话，恍然大悟，从心里感激侯嬴，越发相信自己没有看错人。从此，侯嬴做了信陵君的贵宾。

谋略点评

信陵君谦恭结纳隐士侯嬴，其肚量之大、胸襟之宽广、态度之谦恭、忍耐程度之高实在让人佩服。侯嬴则对信陵君的诚意从多方考验：一则登门拜访冷语相待、拒收馈赠；二则应邀赴宴毫不谦让、故意拖延。侯嬴此举可谓一举两得：一方面用自己的傲慢反衬出信陵君的容人之量，使其礼贤下士的品德彰显于世，在不动声色中就为信陵君立下一功；另一方面，故意通过傲慢的作态，考验出信陵君的求贤若渴，从而认定他是一位值得为之效劳的明主。领导者宽容别人对自己的不敬，有时也能为自己赢得人心。

巧妙识人,文侯选相有高见

魏文侯是战国时期魏国的建立者。他在位时礼贤下士,善于用人,使得不少出身小贵族或平民的人在政治、军事方面发挥其作用,为魏国立下了不少功劳。战国初期,"三家分晋"后,刚从晋国分离出来的魏国百废待兴。国君魏文侯决定选拔贤才出任相国,以辅佐自己治理国家。他有两个不错的人选,但一时不知该选哪一个。于是魏文侯问谋士李悝:"寡人要提拔一位有本事又贤良的大臣担任相国。魏成子和翟璜这两个人都不错,但寡人一时拿不定主意让谁出任相国,你说说看,他们两个到底哪个强一些?"

李悝回答说:"大王您下不了决心,是因为您平时对他们的考察不够。"

魏文侯追问道:"依爱卿之见,应该如何考察呢?"李克说:"我认为考察一个人的标准应该是:一看他平时亲近些什么人,从他亲近的人的品质可以看出他的为人;二看他富裕了和什么人做朋友,如果富裕了就抛弃以前贫穷时结交的朋友,或者巴结富贵人,那此人就不可用;三要看他当官了推荐什么人,只有真心为您效力的人才会为您推荐天下最贤良的人;四看他不做官了不屑于做哪些事情,如果他不做官了,却还摆做官的架子,接受别人的馈赠,像当官时一样威风,那他就不是一个忠心的人;五看他贫穷了哪些钱他不屑于拿,如果他贫穷了就去拿讨来的钱或者偷窃来的钱,那他就不是一个贤德的人。只要您按照这五个标准去衡量,就可以做出决定了。"魏文侯听后称赞道:"爱卿所言甚是,寡人明白该怎么做了。"

李悝拜别魏文侯,出来正好遇见了翟璜,翟璜问道:"听说大王找你商量谁做相国的事情,不知是否做出了决定?"李克说:"大王虽然没有明言,但看情形是要封魏成子为相国。"翟璜气不过,愤愤地说:"我哪里不如魏成子？大王缺西河太守，我把西门豹推荐给他；大王要攻打中山国，我就推荐了乐羊；大王的儿子没有师傅，我就推荐了屈侯鲋。结果是：西河大治，中山攻克，王世子品德日增，我举荐人才如此卓有成效，为何我不能做相国呢？"李悝说："你怎么能比得上魏成子呢？魏成子的俸禄，很大一部分都用来罗致人才，所以卜子夏、田子方、段干木三人都从国外应募而来。他把这三个人推荐给大王，大王以师礼相待。而你所推荐的人，原本就是大王的臣仆，又怎么能和魏成子相比呢？"翟璜想了半天，惨然失色，说："您是对的，我的确比不上魏成子。"没过多久，魏文侯果然任命魏成子当了相国。

谋略点评

魏文侯可以说是一个绝顶聪明、一点就破之人，而李悝也是富于智慧、精于权谋之人。当魏文侯征询李悝的建议时，李悝并没有直接说出自己的意见，而是给魏文侯讲述了考察人才的五个标准：通过一个人平时亲近的人、富贵时所交的朋友、做官时推荐的人、不做官时不屑于做的事情、贫穷时不屑拿的钱，即可看出他的为人。魏文侯听后心领神会，最终任命魏成子当了相国。从这一点来看，足见魏文侯在平时已对翟璜和魏成子的为人处世有了充分的了解。

信任下属,魏文侯用人不疑

战国初期,强大的晋国分裂为韩、赵、魏三个诸侯国。曾经臣服于晋国的中山国,在晋国分裂之后因无所归属,君臣荒淫,国衰民凋。魏国国君魏文侯便想乘机举兵讨伐。在征求了大臣们的意见之后,魏文侯有意起用平民出身的乐羊为统帅率兵出征,这个人文武全能,是个难得的人才,唯一不放心的,就是他有一个儿子在中山国当官。魏文侯召见了乐羊,明白地说出了自己的意图和疑虑,乐羊拍着胸脯表示,自己决不会以私废公,并且果断表了态,一定全力拿下中山国。魏文侯听了十分高兴,便拜乐羊为统帅,西门豹为先锋,率五万军队攻打中山国。

乐羊率军所向披靡,长驱直入,很快就包围了中山国都城。走投无路的中山国国君只能拿乐羊的儿子乐舒做文章,威逼着乐舒到城楼上劝说其父乐羊退兵,乐羊自然不肯退兵,反而要求中山国国君投降。中山国国君便采用缓兵之计,让乐舒向乐羊要求给他们一个月的时间考虑,乐羊答应了,不再强攻,只在外面把城池团团围住。中山国国君一看,以为是乐羊爱子心切,不敢攻城了,便不再想其他办法,依然享乐如故。等到一个月期限届满的时候,便派乐舒上城楼再要求多宽限一个月,乐羊又答应了。如此过了三个月,乐羊的部下不满了,西门豹对他的做法表示怀疑,于是质问乐羊道:"元帅难道不想攻取中山国了吗?为什么久围不攻呢?"

乐羊知道部下的心思,于是解释道:"我久围不攻绝不是为了顾全父子之情,而是为了收买中山国的人心。我军如果一味攻城,只会让中山国的百姓团结起来,同仇敌忾地对付我们。而像现在这样做,中山国国君再三食言,必然会大失民心。"

中山国的战况传到魏国后,人言啧啧,群臣纷纷上书文侯,说什么话的都有。文侯一概不听，把所有奏章都封存在柜中，同时不断派遣使者慰劳将士，还预先为乐羊在都城修筑了一处豪华的府第。乐羊得知这些情况后，感激涕零。就这样，又过了一个月，中山国国君还是不肯投降，乐羊便命令攻城，中山国国君见情况危急，便将乐舒绑在高竿上，声称乐羊若不退兵，即杀其子。乐羊不为所动，照攻不误。于是，中山国国君狗急跳墙，命人把乐舒杀了做成肉羹，派人送给乐羊，希望乐羊会因悲戚心乱而放弃进攻。没想到乐羊竟把肉羹一饮而尽。中山国国君见乐羊全无痛子之心，攻城愈急，怕城破受辱，遂自缢而死，魏军终于攻灭了中山国。

　　乐羊灭了中山国后，命西门豹在当地留守，尽收府中宝藏，而后班师回朝。魏文侯亲自出城迎接，大摆宴席，百官也都过来祝贺奉承，乐羊面露得色。宴会后，魏文侯赐给乐羊两个大箱子，乐羊本来以为是什么金银财宝，回家打开一看，不由得大惊失色，里面全是他率兵攻打中山国的时候，大臣们弹劾他的奏章，各种危言耸听的中伤，各种恶毒的诽谤，应有尽有。乐羊读得全身直冒冷汗，心想，若不是魏文侯信任自己，自己恐怕早就成了阶下囚了，于是骄傲之心全无。

　　第二天，当魏文侯封乐羊为灵寿君的时候，乐羊坚决推辞。魏文侯却坦言道：在起用你之前，我就做了大量深入细致的考察，知道你是值得信任的，所以才会用你不疑，现在你果然不负所望，赏赐是应得的，你就不要推辞了，我封你为灵寿君，即刻上任去吧！

谋略点评

"用人不疑，疑人不用"这句话，说来简单，但要真正做到这一点，对一个领导者来说却不那么容易。乐羊受命带兵攻打中山国，历时三月却按兵不动，于是朝廷大臣纷纷给魏文侯上书，各种危言耸听的中伤、各种恶毒的诽谤，应有尽有，以至于弹劾乐羊的奏章积攒了两大箱子。作为一国君王，魏文侯却没有为这些弹劾乐羊的奏章所动，而是把所有奏章都封存在柜中，同时不断派遣使者慰劳将士，还预先为乐羊在都城修筑了一处豪华的府第。乐羊在得知这些情况后，感激涕零，最后一举攻灭了中山国。而在乐羊灭了中山国后面露得色之时，魏文侯适时拿出弹劾乐羊的奏章，打消了他居功自傲的念头，可见魏文侯在用人方面具有何等的眼光和智慧！

用人所长，诸葛亮量才选贤能

诸葛亮是中国历史上妇孺皆知的人物。在后人的心目中，诸葛亮是智慧的化身，他的很多谋略故事为世人津津乐道。

在用人方面，诸葛亮不拘一格选拔人才，用群贤治蜀，使蜀国的政权在大敌当前的形势下得到巩固。

杨洪原是犍为太守李严手下一个地位很低的功曹。诸葛亮在与他交谈中发现他很有远见，立即表奏他为蜀郡太守，官位与李严并列。杨洪手下一个负责文字工作的小官何祗很有进取精神，诸葛亮破格提拔他为广汉太守，又与杨洪同职。

诸葛亮用人不仅不重资历，而且也不论门第。张嶷家境贫寒，而且平素有些放浪。但这个人很有见识，屡建奇功，诸葛亮就把他提拔为太守。

士卒出身的王平虽然没多少文化，但他"遵履法度"，很有实战经验。马谡失街亭后，王平率领残余部队归来。诸葛亮挥泪斩马谡后，加封王平为参军。后来王平在对魏军作战中屡立战功，成为蜀国一名善战的将军。马超、黄忠都是降将，诸葛亮把他们提拔到同关羽、张飞、赵云并列的"五虎上将"的地位。

诸葛亮提拔马超时，关羽不服气。诸葛亮给关羽写信，信中写道："马超文武双全，刚烈过人，堪称一代俊杰，是黥布、彭越一类人物，可以和张飞并驾齐驱，只是比不上关羽的超群绝伦。"关羽读完信后觉得有理，便也服气了。刘备、诸葛亮入蜀后，派司马费祎将封关羽为前将军的敕令送去。关羽一见老将黄忠也被封为将军，与自己同职，很不高兴，发誓"大丈夫决不与老卒同列！"，不肯受印。费祎便按照诸葛亮事先的嘱托，对关羽说："成就大业必须并用群贤。将军不应该计较官位高下、爵禄多少，也应学习萧何、曹参的品格。"一席话说服了关羽，关羽很快接受了前将军的印绶。

不求全责备而用人之长，是诸葛亮用人的又一特长。他在选拔做长史的人时，要求既有军事才能，又有施政的本领，还要有一定的德行修养。张裔就是被诸葛亮看中的一个人选。张裔文武兼备，既带兵打过仗，又当过太守，后又担任参军从事。在任职期间，他表现出了非常卓越的军事和政治才干。为了进一步考察他的实际才能，诸葛亮请来越骑校尉杨洪，询问有关情况。杨洪认为，张裔精明能干，是个长史的材料，但他气量太小，不能容人之过，不宜单独担负此任，相比之下，如让向朗担任此职，让张裔在向朗之下办事，更稳妥一些。

诸葛亮采纳了杨洪的意见，也有意再考验一下张裔，就任命他为校尉。后来，张裔听说杨洪在诸葛亮面前说他的弱点，就怀恨在心，总以为是杨洪别有用心。诸葛亮了解到这个情况后，给张裔写了一封信，坦率地批评了他以个人私见度人的思想。张裔看完信很受感动，他深服诸葛亮的知人善察和杨洪的荐贤无私。这以后，他和杨洪握手言和，并且与向朗一道，竭力辅佐诸葛亮处理政事，后来果真当上了长史。

谋略点评

诸葛亮不愧为智慧的化身。他在用人方面有非常独到的见解，不仅不重资历，而且也不论门第，从不求全责备，而是用人之长。他曾说过"治国之道，务在举贤"，这是他的一贯主张。他提出："挑马不一定非要挑像麒麟那样的，只要马跑得快就行；选贤才不一定拿圣人做标准，关键是知识渊博、能力强。"正是因为诸葛亮善于用人，才使得像马超、王平这些人才为蜀所用，并屡立奇功。

唯才是举，曹操用人不拘品行

曹操是东汉末年杰出的政治家。曹操的父亲曹嵩，本姓夏侯氏，因为过继给中常侍曹腾为养子，故改姓曹。由于曹操的身世和宦官有些瓜葛，在当时深为清贵名流所不齿。当时的社会风气强调等级秩序，上层社会看不起中下层百姓，甚至在很多场合不愿与中下层人士一起聚会。饱受上层社会歧视的人生经历，使曹操深刻认识到各级官吏通过察举征辟制选拔人才时，由于受贿徇情，受托虚誉，致使"举秀才，不知书；察孝廉，父别居。寒素清白浊如泥，高门良将怯如鸡"的丑恶现象在社会上泛滥成灾。曹操就任丞相后，针对选官的积弊，在公元210年发布《求贤令》、公元214年发布《敕有司取士毋废偏短令》、公元217年发布《举贤勿拘品行令》，要求各级官吏要不拘贵贱、不拘品行、勿废偏短，把那些具有真才实学的人统统选拔上来。曹操指出，无论是伊尹、傅说那样出身贫贱之人，管仲那样的旧敌，萧何、曹参那样的小吏，韩信、陈平那样被人侮辱、受人耻笑的人，甚至像吴起那样不仁不孝的人，只要有治国用兵的才干，都要加以任用。这一主张充分表现出他求贤若渴、不拘一格的态度。

曹操认为，品行高尚的人不一定就有才能，而有才能的人不一定就有高尚的品行。他明确提出"举贤勿拘品行""取士勿废偏短"，但凡是有"治国用兵之术"的人，都可以大胆起用。他举例说：陈平并不是一个淳厚的人，苏秦也并不守信用，然而陈平辅佐汉高祖奠定了西汉的帝业，苏秦救助了弱小的燕国。因此曹操认为：有才能的人即使有某些短处和缺点，又怎能废置他们不用呢？

曹操不仅用命令形式提出"唯才是举"，实践中已确实这样在做。曹操从老兵中提拔于禁、乐进、典韦等将领，从敌方投降过来的武将、文臣中起用张辽、徐晃、张郃、陈琳、贾诩等人，从地方豪强中起用李典、李通、许褚、臧霸等，从东汉政府的小官吏中提拔荀彧、荀攸、王朗等，从普通士人中起用郭嘉、程昱、刘晔等，这些人才都是曹氏政权的顶梁柱。

曹操不仅任用司马懿等大族名士，也同样信任有"负俗之讥"的杜畿等人，且能以大业为重，不念旧恶。陈琳曾为袁绍撰写檄文，痛斥曹操，并辱及他的父亲和祖父。可陈琳归降后，曹操爱惜陈琳的文才，不仅未加惩处，还委托陈琳掌管文书往来。在当时各割据政权中，曹操得贤士最多，猛将如云、谋臣如雨。正是在这些谋臣猛将的辅佐下，曹操才得以扫平群雄，统一北方，从而奠定了曹魏政权的基础。

需要指出的是，曹操抛弃的"德"是有特定内容的，他并非一般地否定"德"。照他的标准看来，有严重"品质"问题的，比如坚决反对他的祢衡、孔融等人，他是决不姑息的。"勿拘品行"也是有条件的。曹操的本意是指人品行方面的"偏短"可以忽视，这些"偏短"并不会影响一个人的根本品质。而在根本品质上，他对将领提出了"质忠性一，守执节义"的基本要求，认为在"忠诚"和"大义"等原则问题方面，要禀性专一、坚守节操。

谋略点评

曹操"唯才是举"的用人观千百年来一直为世人津津乐道，并为管理者广为借鉴。他注重从能力方面去考察和提拔有才能的人，要求各级官吏不拘贵贱、不拘品行、勿废偏短，把那些具有真才实学的人统统选拔上来。曹操认为，品行高尚的人不一定就有才能，而有才能的人，不一定就有高尚的品行。他明确提出"举贤勿拘品行""取士勿废偏短"，凡是有"治国用兵之术"的人，都可以大胆起用。值得注意的是，曹操所不看中的"德"，不是忠诚等基本的品行，而是儒家所宣扬的"三纲六纪"。

金无足赤、人无完人，选用人才要看大局。如果一个人在总体上能够胜任你安排的工作职位，那么，在工作的非关键细节和其他方面就应该宽容一些。任何人都有缺点，"人无完人，慎无苛求。才重一技，用其所长"，是选拔人才的基本态度。

用情于谋,唐太宗以情感人心

唐太宗李世民是中国历史上最英明的皇帝之一。他即位为帝后,积极听取群臣的意见,开创了"贞观之治"。有关他善于用人、善于纳谏的故事,至今还广为流传。

李勣是唐太宗手下智勇双全的能臣,他先后率军击败东突厥、高句丽诸国,扬大唐国威于四方,深受太宗的宠信。一次,李勣得了重病,太宗打听到把胡须烧成灰可以治病的偏方,便亲自剪下自己的胡须,烧成灰为李勣治病。古人讲究"身体发肤,受之父母",不敢有损,剪掉胡须是不孝的行为,太宗这样做,可见他的爱才之心。李勣病好后得知了这件事,上朝谢恩,感动得磕头直至出血。太宗安慰说:"爱卿是朕的股肱之臣,身系天下之安危,朕这样做全是为了江山社稷,爱卿何须言谢?"

贞观十七年(公元643年),唐太宗立李治为太子,特意任命李勣任太子詹事。一次,太宗设宴款待大臣,席间语重心长地对李勣说:"朕想把太子托付给朝廷重臣,思来想去,觉得没有比爱卿更合适的人选了。太子新登储君之位,朕把太子宫中之事委托给爱卿,虽然暂时委屈了爱卿的官阶和资历,但责任至为重要。爱卿一诺千金,过去跟从李密时,从不肯辜负李密的托付,现在岂会辜负朕的重托啊!"李勣闻言泣不成声,当即咬破手指发誓,要竭忠尽智辅佐太子。过了一会儿,李勣喝得大醉,昏昏沉沉地睡着了,太宗脱去自己身上的衣服,给他盖上。

贞观二十三年(公元649年),太宗病重不起,把太子李治叫到病床边嘱咐道:"你日后继位为君,须得到李勣等得力大臣的忠心辅佐才能稳坐江山。但你对李勣没有恩惠,难以得到他的效忠。现在,朕要责罚他,将他调离京城。朕死后,你要将他调回京城,授给他仆射的官职,他蒙受了你的恩惠，必定会对你竭忠尽智。"几天后，太宗找了个借口将李勣调离京城，出任叠州都督。

不久，唐太宗去世，太子李治继位，是为唐高宗。高宗依太宗之言，立即召回李勣，委以重任。李勣感激两代君王对自己的恩典，尽心辅佐高宗，为国家屡建奇勋。后来，李勣以近八十岁的高龄出任辽东道行军总管，征伐高句丽，一直打到平壤，俘虏了高句丽王高藏，将高藏献于安葬太宗的昭陵，一举洗雪了太宗征伐高句丽失利的耻辱。

谋略点评

唐太宗对待李勣，既用情结其心，使其为己所用，又用权谋之术让其效力于自己的继承人。要取得下属的效忠，既要用情，又要用谋，二者不可偏废。让下属对自己感恩戴德，是取得下属效忠的前提。如果没有遇到让下属对自己感恩戴德的机会，也可以像唐太宗那样，人为地制造出一个这样的机会来。

秉公无私，姚崇不因私去贤

姚崇，字元之，祖籍江苏吴兴，因祖辈世代在陕州为官，所以定居陕州硖石（今属三门峡市陕州区硖石乡）。姚崇从小深受父亲的影响，孜孜好学，胸怀大志。靠父荫做了挽郎，后来又官至州司仓参军、夏官郎中。因奏事明晰流畅，为武则天所赏识，拜夏官侍郎。圣历三年（公元700年），升至同凤阁鸾台平章事，从此任相。中宗时，出任亳、宋、常、越、许等州刺史。睿宗即位后，官拜兵部尚书、同中书门下三品，又晋升为中书令。因反对太平公主干政而获罪，贬为申州刺史，移徐、潞二州，迁扬州长史，后又徙同州刺史。在任时，为政宽简，井井有条，为人称道。玄宗即位后，重新起用他为兵部尚书、同中书门下三品，又迁紫微令。他忠心为国，勤勉做事，与另一位宰相宋璟并称"姚宋"，齐心协力辅佐玄宗，成就了"开元之治"的鼎盛局面。

在用人方面，他秉公无私，任人唯贤。他正确对待魏知古一事，就很好地说明了这个问题。魏知古原为睿宗朝黄门侍郎，为人正直，颇有才学。姚崇爱其才能，积极向玄宗举荐。其后，玄宗欲造玉真观，魏知古认为劳民伤财，连连上书劝谏。

玄宗见他果然忠直敢言，就提拔他为宰相，与姚崇同列。后来魏知古摄吏部尚书，掌管东都选官之事。恰好姚崇的两个儿子在东都洛阳任职，他们想凭借魏知古与姚崇的旧关系升迁，就通过魏知古的门客向魏知古送礼。魏知古不但不买账，而且回长安后，如实向玄宗报告了此事。一天，玄宗召姚崇问道："你的儿子有才能吗？都在哪里？"姚崇知道玄宗骤然问此事，必定是劣子出了问题，就说："臣二子分司东都，其为人多欲而寡慎，是必尝以事干魏知古。"玄宗原以为姚崇可能会因为爱惜儿子而隐忍此事，听到姚崇如此回答，不禁喜出望外，就问他："你是怎么知道的？"姚崇回答："知古是我推荐任相的，我儿子必定以为他会感念我的恩德，而去请托他。"玄宗听后，赞赏姚崇的不讲私情，但是在另一方面，却鄙薄魏知古的为人，想将他斥退。姚崇知道此事，急忙劝阻说："臣子无状，挠陛下法，陛下赦其罪，已幸矣；苟因臣逐知古，天下必以陛下为私于臣，累圣政矣。"姚崇强调不能因一己私事损害国家政治，其论甚为严正，玄宗于是答应了他的要求。虽然后来他仍将魏知古罢为工部尚书，但总算不为已甚，仍能继续发挥其作用。

谋略点评

魏知古是因为姚崇的引荐才当上宰相的。魏知古这个人为人正直，颇有才学，姚崇也正是看中他这一点，才积极向玄宗推荐的。姚崇的两个儿子想凭借魏知古与其父的旧关系获得升迁，一向正直无私的魏知古不念姚崇的引荐之恩，严词拒绝了他们的请求。应该说，魏知古不因私害公的行为是值得肯定的，但他不念旧情也就罢了，完全没有必要将此事报告给皇上。魏知古此举，固然体现了其公而忘私，但另一方面也暴露出他浅薄无知、没有人情味、为了赢得好名声而不顾恩情的一面，有向皇上邀功取宠之嫌。魏知古此举可谓愚蠢至极，皇上不但没有褒奖他，反而认为其鄙薄不堪而欲斥退他，真是"偷鸡不成蚀把米"。

反观姚崇，并没有因魏知古的薄情寡义而记恨他，至少表面上如此。当唐玄宗想要罢魏知古的官职时，姚崇并没有落井下石，而是恳求唐玄宗继续留任魏知古。姚崇之举可谓高明至极，唐玄宗既然十分憎恨气量狭小的魏知古，自己若趁机落井下石，唐玄宗必然会认为自己也是和魏知古一样的气量狭小之辈，这样的事姚崇是不会干的。

得人治事，曾国藩放手用人

清朝"中兴名臣"曾国藩本是文人，并不懂得行军打仗。在统率湘军与太平军作战过程中，他亲自指挥的靖港之战、湖口之战、祁门之战等几次战役，每次都是大败而归，自己还差点丧命。残酷的事实告诉曾国藩，他缺乏领军打仗的才能，"用将则胜，自将则败"。认识到自身的弱点后，曾国藩扬长避短，致力于放手使用手下的将领，自己决不插手具体作战指挥和部署。

作为湘军统帅，曾国藩主要在以下三个方面发挥自己的作用：第一是对官兵进行忠君敬上的思想教育，增强军队的凝聚力，使官兵上下一心、同仇敌忾。第二是制定围剿太平军的作战方略，先夺取武昌，以两湖为根据地，再顺江东下，强攻天京。由于他潜心思考，又善于借用幕僚的智慧，这一战略十分成功。第三是制订用以指导作战的基本战术，如"结硬寨，打呆仗"、挖长壕困敌、围城打援、以静制动、反客为主等，实践证明，这些战术是行之有效的。至于在实战中究竟如何应用，则交由具体负责作战指挥的将领随机应变。

曾国藩用人不疑，他的统军之道是自己负责选拔重要将领，而把具体军务一概交由将领们全权处理。曾国藩认为："取人之式，以有操守而无官气、多条理而少大言为要。为政之道，得人治事，二者并重。"他先后任用王鑫、左宗棠、李鸿章、李续宾、李元度、曾国荃、胡林翼等足智多谋、能征善战的将领，放手让这些将领自行招募、训练士兵，并由他们全权负责率军作战，自己决不越级指挥。充分发挥手下将领的军事指挥才能，曾国藩统帅的湘军自然越战越强。放手让部下劳心劳力，是曾国藩以五万之众的湘军击败太平军数十万人的秘诀所在。

谋略点评

　　曾国藩的成功，在很大程度上得益于他善于用人，信任并充分发挥部下的能力，让部下劳心劳力，从而取得事业的成功。作为领导者，选拔有才能的人并放手让其来做事，比凡事自己亲力亲为效果要好得多。在集思广益的基础上确定工作目标，是领导者的职责所在。

处变不惊

——应变谋略

处变不惊,是指处在变乱之中能够沉着应对,一点儿也不慌乱。自古以来,凡能成大事者,无一不是能够在大动荡、大波折中泰然自若、随机应变的人物。善用谋略者,常常是根据具体情况,从客观实际需要出发,做出特殊的处置,不拘常法,随机应变,或随敌变而已变,或以不变应万变。处变不惊很重要,又很难做到。说它重要,重要在不惊才能应变;说它难,难在人对变总始料不及,总缺乏准备,一旦有变自然会惊。事变是这样,人变是这样,情变是这样,理变也是这样。

急中生智，弦高献牛退秦师

晋文公打败了楚国，会盟诸侯，连一向归附于楚国的陈、蔡、郑三国的国君也都来了。郑国虽然跟晋国订了盟约，但是因为害怕楚国，暗地里又跟楚国结了盟。

晋文公知道这件事后，打算再一次会合诸侯去征伐郑国。大臣们说："会合诸侯已经好几次了，咱们本国兵马已足够对付郑国，何必去麻烦人家呢？"

晋文公说："也好。不过秦国跟我们约定，有事一起出兵，可不能不去请他。"

秦穆公正想向东扩张势力，就亲自带着兵马到了郑国。晋国的兵马驻扎在西边，秦国的兵马驻扎在东边，声势十分浩大。郑国的国君慌了神，派了能说会道的烛之武去劝说秦穆公退兵。

烛之武对秦穆公说："秦晋两国一起攻打郑国，郑国准得亡国了。但是郑国和秦国相隔很远，郑国一亡，土地全归了晋国，晋国的实力就更大了。它今天在东边灭了郑国，明天也可能向西侵犯秦国，对您有什么好处呢？再说，要是秦国和我们讲和，以后你们有什么使者来往，经过郑国，我们还可以当个东道主接待使者，对您也没有坏处。您看着办吧！"

秦穆公考虑到自己的利害关系，答应跟郑国单独讲和，还派了三个将军带了两千人马，替郑国守卫北门，自己则带领其余的兵马回国了。

晋国一瞧秦军走了，都很生气。有的主张追上去打一阵子，有的说把留在北门外的两千秦军消灭掉。

晋文公说："我要是没有秦国的帮助，怎么能回国呢？"他不同意攻打秦军，却想办法把郑国拉到晋国一边，订了盟约，撤兵回去了。

留在郑国的三个秦国将军听到郑国又投靠了晋国，气得吹胡子瞪眼睛，连忙派人向秦穆公报告，要求再次讨伐郑国。秦穆公得到消息，虽然很不痛快，但是他不愿跟晋文公扯破脸，只好暂时忍着。

过了两年，也就是公元前628年，晋文公病死，他的儿子襄公即位。有人劝说秦穆公再一次讨伐郑国。他们说："晋国国君重耳刚死去，还没举行丧礼。趁这个机会攻打郑国，晋国决不会插手。"

留在郑国的将军也送信给秦穆公说："郑国北门的防守掌握在我们手里，要是秘密派兵来偷袭，保管成功。"

秦穆公召集大臣们商量怎样攻打郑国，两个经验丰富的老臣蹇叔和百里奚都反对。蹇叔说："调动大军偷袭这么远的国家，我们赶得精疲力竭，对方却早就有了准备，怎么能够取胜？而且行军路线这样长，还能瞒得了谁？"

秦穆公不听，派百里奚的儿子孟明视为大将，蹇叔的两个儿子西乞术、白乙丙为副将，率领三百辆兵车，偷偷地去打郑国。

秦军到了滑国，郑国的商人弦高正巧到周地贩牛也经过滑国。弦高知道秦军要经过滑国去偷袭郑国，便随机应变，一面派人快马加鞭回郑国报告消息，一面直接去见秦军。他先送去四张熟牛皮，再用十二头牛去犒劳秦军，说："敝国的国君听说贵军将要行军到敝国去，特地让我冒昧地来犒劳犒劳。虽然敝国并不富裕，但是，只要贵军在敝国住上一天，敝国就会提供一天的食用给养；要是贵军离开敝国，敝国也会护送贵军安全离开。"

孟明视等人一听全都愣了，原来郑国果然如蹇叔所说早有准备，怎么办呢？孟明视于是对西乞术和白乙丙说："郑国已经有所防备，我们的偷袭是没有指望了。硬攻是不可能一下子成功的，我们又没有后援，还不如顺水推舟，灭了滑国回去吧！"

商议已定，孟明视等人对弦高说："我们并不是要到贵国去，只不过是到滑国而已。"于是灭了滑国回师。

郑穆公接到弦高的急报后，派人侦察杞子等人住的地方，发现他们果然已经捆扎行装、秣马厉兵了，于是便派人驱逐他们出境。杞子逃到了齐国，逢孙和杨孙逃往宋国。

孟明视等人回师经过崤山时，遭到晋军的伏击，全军覆没，孟明视、西乞术、白乙丙三人都被晋军活捉了去。

秦穆公痛悔没有听从蹇叔的话，使自己偷鸡不成蚀把米，造成了惨重损失。

事情如此发展，实在与郑国商人弦高有很大关系。虽然蹇叔早已预见到这一结局，却由于弦高的推动把它变为了现实。

假如不是弦高假冒使者去犒劳秦师，一语点破秦军的企图，那孟明视等人偷袭郑国成功也未可知。

假如孟明视等人识破弦高，杀了他再连夜赶往郑国，可能也还有机会。

当然，这些都是假设。真实的是，弦高随机应变，把自己所贩之牛用来犒劳秦军，进而暗示郑国已早有准备，使秦军将领信以为真，从而取消了偷袭郑国的计划，结果反被晋国所伏击。

弦高的本来目的是贩牛，但在遇到紧急情况时以牛为礼物，自己也摇身一变由商人成为国使，替郑国解了大围，成为千古传诵的爱国主义者。

谋略点评

如果不是弦高随机应变献牛，郑国必不能逃过这场战争。所以说，在遇到紧急情况的时候，只有学会随机应变，沉着应对，才能得到好的结果。

但随机应变也不是说随随便便就可以乱来的，随机应变的前提是审时度势，了解实际情况和时机，并随着实际情况和时机的变化而变化，灵活机动、应付自如。

随机应变的目的是克敌制胜，而不是故弄玄虚，显耀巧智。不然的话，很容易失之于油滑，聪明反被聪明误。总而言之，随机应变不是小聪明，而是大智慧。

旁敲侧击，淳于髡谏齐威王

战国时期，齐国有一个名叫淳于髡的人，他的口才很好，常常用一些有趣的隐语来规劝君主，使君王不但不生气，而且乐于接受。

齐威王八年（公元前349年），楚国发兵攻打齐国。威王派淳于髡出使赵国求援，叫他带一百镒金、十驾马车送给赵王。淳于髡忍不住仰天大笑，就连系帽子的带子都笑断了。威王问他是不是嫌带去的礼物太少，淳于髡说："岂敢，岂敢，我只是想到一件好笑的事情罢了。"威王一听是好笑的事情，连忙叫淳于髡讲给他听。淳于髡说："今天我从东边来时，看见路旁有个种田人在祈祷。他拿着一只猪蹄、一杯酒祷告上天保佑他五谷丰登、米粮满仓。我见他拿的祭品很少，而所祈求的东西却太多，所以笑起来了。"

齐威王当然听懂了他的意思，便把送给赵国的礼物增加到一千镒金、十对白璧、一百驾马车。

淳于髡到赵国献上礼物，陈说利害关系，赵王于是决定派出精兵十万支援齐国。楚军听说后连夜退兵回国了。齐威王非常高兴，在宫内设酒宴为淳于髡庆功。

威王问淳于髡要喝多少酒才会醉，淳于髡回答说喝一斗酒也会醉，喝十斗酒也会醉。威王觉得他真有意思，既然喝一斗就醉了，怎么还能喝十斗呢？因此要他讲一讲其中的道理。淳于髡于是便说起了他的酒经："如果大王当面赏酒给我喝，执法官站在一旁，御史官站在背后，我战战兢兢，低头伏地而喝，喝下一斗就会醉了。如果父母有贵客来我家，我恭谨地陪酒敬客，应酬举杯，喝不到两斗也会醉了。如果有朋自远方来，相见倾诉衷肠，畅叙友谊，那就要喝上个五六斗才会醉了。如果是乡里之间的宴会，有男有女，随便杂坐，三两为伴，猜拳行令，男女握手也不受罚，互相注目也不禁止，自由自在，开怀畅饮。这样，我就是喝到八斗也只会有二三分醉意。如果到了晚上，宴会差不多了，大家撤了桌案促膝而坐，男女都同坐在一个座席上，靴鞋错杂，杯盘狼藉。等到堂上的蜡烛烧尽了，主人送走客人而单单留下我，解开罗衫衣襟，微微能闻到香汗的气息。这时，我欢乐之极，忘乎所以，要喝到十斗才会醉。所以说，酒喝过头了就会乱来，欢乐过头了就会生悲，世上的事情都是这样的啊！"

齐威王听了他这一段精彩的酒经，沉思了好一会儿，然后说："讲得好啊！"于是戒掉了通宵达旦饮酒的坏习惯。

谋略点评

　　说话是一门技巧，更是一门艺术。一句恰到好处的话，可以改变一个人的命运；一句言不得体的话，可以毁掉一个人的一生。人人都爱听好话，尤其是当你指出别人不足的时候就更需要小心润色，委婉曲折地提出自己心中所想。

　　说话的艺术有很多种：指桑骂槐激烈，循循善诱委婉，旁敲侧击则是幽默。激烈是猛击一掌，是强心针，效果强劲，却总让人心里不舒服；委婉是细雨滋润，是润滑剂，总是能够达到"润物细无声"的效果；幽默则妙趣横生、意味深长，是开心果，让人在听话之余，能够常常品味、时时思索。

知己知彼，孙膑小计赢千金

孙膑从魏国逃到齐国后，受到齐国将军田忌的热情接待，两人经常在一起谈论兵法。孙膑睿智的谈吐和惊人的韬略使田忌佩服不已，几天后便无话不谈了。

当时，齐威王在空闲时喜欢和王公大臣们赛马。田忌老是输，每次都输掉不少钱，为此非常烦恼。这一天，两人谈话谈到投机处，田忌无意间说出了自己的烦恼。孙膑说："没关系，下次将军赛马的时候，让我去看一看。"

隔了几天，田忌果然邀请孙膑一道去观看赛马。孙膑看了看，发现田忌的马与齐威王的马其实实力差不多，双方都有上、中、下三等马，但三局比赛田忌都输了。孙膑于是对田忌说："将军明日再与威王赛马，我可以保证您取胜。"

田忌大喜，说："先生如果真能使我取胜，我就去向大王挑战，下个大赌注，每局一千金，怎么样？"孙膑说："将军只管去下注好了。"田忌便对齐威王说："臣赛马屡赛屡输。明天我愿以所有的家产来与大王一赌输赢，每局赌注一千金，好吗？"威王一听便大笑起来，连说："够刺激，够刺激！"于是一言为定，只等第二天开赛。

第二天一大早，王公贵族们都驾着装饰华丽的车马来到赛马场，老百姓们闻讯也都赶来观看这激动人心的一赌。

赛马就要开始了，田忌不禁紧张起来，悄悄问孙膑："先生，您的必胜秘诀在哪里呢？这可是千金一局的赌注啊，开不得玩笑！"孙膑不慌不忙地说："威王的马胜将军的马一筹，如果您的马按顺序对等与他的马比赛，自然非输不可。现在您只需要略施小计，第一局用您的下等马去对他的上等马，第二局用您的上等马去对他的中等马，第三局用您的中等马去对他的下等马。这样比赛下来，您的马虽然会败一局，但必然会胜两局。三局二胜，千金不就是将军的了吗？"田忌一听，忍不住一拍大腿叫了起来，说："妙啊！我以前怎么就没想到这一点呢？"

比赛开始，第一局当然是田忌输了。齐威王大笑不止，田忌说："大王，还有两局呢。如果这两局臣也输了，大王再笑臣也不晚啊！"结果，第二局、第三局都不出孙膑所料，田忌的马都赢了。观众掌声雷动，欢呼声不绝于耳。田忌满面红光地从齐威王手中接过千金。

比赛结束后，齐威王很是不解，为什么同样的马、同样的赛法，这一次田忌会获胜呢？田忌忍不住把自己的秘诀告诉了齐威王。他对齐威王说："这哪里是臣马的功劳啊，完全是因为孙膑的计谋。"威王听了感叹说："在这种小事上就可以看出孙膑先生的过人智慧！"于是赶忙招来孙膑，请教兵法，拜为军师。

谋略点评

正如齐威王所疑惑的那样，为什么同样的马、同样的赛法，田忌会获胜呢？其中的奥妙就在孙膑事先对双方的力量做了充分了解，做到了知己知彼，然后稍微调整布局，以变应不变，赢得了最后胜利。《孙子兵法》上说："知己知彼，百战不殆。"意思是，如果对敌我双方的情况都了解得一清二楚，打起仗来才不会有失败的危险。要做到知己知彼，就得用心观察、仔细思量。只有知道自己的优势所在，不足之处在什么地方，扬长避短，找出对方的弱点所在，了解对方的优势是什么，这样才有取胜的把握，否则也只能是竹篮打水一场空。因此，无论做什么事情，都要做到心中有数，决不可盲目行事。

循循善诱，触龙劝说赵太后

战国时期，赵孝成王即位的时候还很年幼，母亲赵太后代行国政。不久，秦国加紧了对赵国的进攻。赵国请求齐国出兵援救，齐国则要求赵国把赵太后的小儿子长安君送到齐国去做人质，然后才肯派出援兵。赵太后舍不得长安君，大臣们纷纷劝说。赵太后恼怒地说："有谁再来劝我送长安君到齐国去，本宫就要吐他口水了！"老臣左师触龙说他想拜见太后，太后不好不接见，但却怒气冲冲地等着他来，看他要说些什么。

殊不知，触龙并没有提送长安君到齐国去的事，而是来拜问太后的身体。他先问了问太后的起居情况，太后告诉他说行动不太方便了，出门全靠坐车。

然后他又问太后的饮食，太后告诉他说主要是喝点稀粥罢了。触龙也说了说自己的情况，不外乎是些老年人常见的毛病。同病相怜，同龄人相通，太后的脸色慢慢好起来，怒气没有了。

这时，触龙对太后说："我有个孩子名叫舒祺，排行最小，不大成才。但我已经老了，心里总还是疼爱他的啊！我想请求太后准许，把他补充到侍卫队里，让他保卫王宫，我也算放心了。"太后说："好啊！他今年多大啦？"触龙说："十五岁了。虽然年纪还不大，但我却想趁自己还没死的时候把他托付给太后您。"

太后说："男人家也知道疼爱小儿子吗？"

触龙回答说："怎么不知道疼爱呢？说不定还超过妇女们呢！"

太后不禁笑起来了，说："还是妇女们更疼爱她们的儿子吧！"

触龙终于不失时机而又一点不露痕迹地引出了正题："可老臣觉得太后疼爱女儿燕后超过了疼爱小儿子长安君呢！"

太后说:"您错了,我疼爱她可不如疼爱长安君啊!"

触龙说:"父母疼爱子女,就得替他们做长远打算。当初燕后出嫁燕国时,您老人家非常舍不得,哭个不停,悲伤她嫁得太远了。她走后您也很思念她吧?可每逢祭祀的时候,您却为她祈祷说:'千万别让她回来啊!'这是因为您替她打算,希望她的子子孙孙永远继承王位,所以虽然您想念她还是不希望她回来。"

太后说:"是啊!"

触龙说:"可您对长安君就不是这样的了。您想想看,无论是赵国还是其他诸侯国,过去那些子孙后代被封为侯的,他们的继承人还有多少在位的呢?"

太后想了想说:"很少了。"

触龙说:"这说明他们中间有的是自身遭到了祸患,有的是子孙遭到了祸患。难道诸侯们的子孙就一定不好,一定不能继承王位吗?不是。只是因为他们地位虽高,养尊处优,自己却没有什么作为,没有建功立业。现在长安君正是这样啊!您老人家给了他一切,却舍不得让他去为国出力,建功立业。一旦太后作古,长安君靠什么在赵国自立呢?所以老臣觉得太后为长安君打算得不够长远,不如对燕后那样疼爱啊!"

太后终于想通了,说:"好吧,就请您安排吧!"

于是赵国为长安君准备了一百辆车,送他到齐国去做人质,齐国也就出兵援赵了。

谋略点评

开口说话，看似简单，实则不容易，会说与不会说大不一样。赵太后盛怒之下，任何谈及人质的话题都会让太后难以接受，让结果适得其反。所以触龙在揣摩透太后心理的情况下，面对怒气冲冲、盛气凌人的赵太后，不是直言相谏，而是避其锋芒，对长安君到齐国做人质的事只字不提，而是转移话题。他先问太后饮食住行，接着请托儿子舒祺，继之论及疼爱子女的事情，最后大谈王位继承问题。不知不觉之中，太后怒气全消，幡然悔悟，明白了怎样才是疼爱孩子的道理，高兴地安排长安君到齐国做人质。赵太后溺爱孩子，众人皆知，触龙从请托孩子谈起，欲擒故纵，故意诱导赵太后谈及"丈夫亦爱怜其少子乎"，从而自然引到赵太后疼爱孩子问题上，这一对话深深地打动了赵太后。"良药苦口，忠言逆耳"是自古皆知的道理。

药能治病，却非常苦，所以人们学会了在药里加上蜂蜜，或者在旁边准备蜜饯等吃食。进言也是如此，如果明明知道所说的话会让上位者不高兴，却还偏偏要说，就是不知变通的迂腐之人了。那为什么不能像吃药一样，在说话的时候稍加修饰，用委婉的口气说出自己想说的话呢？这样既能达到进言的目的，又不会招致怨恨。两全其美，何乐而不为？

杜甫曾有诗云："好雨知时节，当春乃发生。随风潜入夜，润物细无声。"倘若用在说话上，便也是一门艺术。不知不觉间，就让别人将自己的话听进去，并达到"润物细无声"的效果，难道不是一门上乘的谏言功夫吗？

当然，从另一个角度来说，它也是一种计谋，一种夺人心志、征服灵魂的计谋，只不过披上了一件真诚关心的外衣罢了。

走为上计，鸿门宴刘邦智脱身

秦末，刘邦与项羽各自攻打秦朝。刘邦兵力虽不及项羽，但先攻破咸阳。项羽勃然大怒，派英布攻击函谷关。项羽入咸阳后，到达戏西，而刘邦则在灞上驻军。刘邦的左司马曹无伤派人在项羽面前说刘邦打算在关中称王，项羽听后更加愤怒，下令次日一早让兵士饱餐一顿，击败刘邦的军队。一场恶战在即。这时，项羽的军队有四十万人，驻扎在新丰县鸿门；刘邦的军队有十万人，驻扎在灞上。范增劝告项羽说："刘邦在崤山以东时，贪图财物，喜欢美女。现在进入关中，财物一点儿都不要，妇女一个也不亲近，这表现出他的志向不小。我叫人去看过他那里的云气，都是龙虎形状，成为五彩的颜色，这是天子的云气啊！你要赶快攻打他，不要失掉时机！"

楚国的左尹项伯是项羽的叔父，平时一向与张良友好。张良这时候跟随着刘邦，项伯就在夜里骑马赶到刘邦军中，私下会见了张良，详细把事情告诉张良，想叫张良和他一起离开刘邦，项伯说："不跟我走将会一起被杀。"张良说："我替韩王护送沛公入关，沛公现在有急难，我逃跑离开是不讲道义的，我不能不告诉他。"张良就进去，把情况详细告诉刘邦。刘邦大吃一惊，说："怎样应对这件事呢？"张良说："谁替大王献出这个计策的？"刘邦回答说："浅陋无知的人劝我说，'把守住函谷关，不要让诸侯进来，秦国所有的地盘都可以由你称王了'。所以我听信了他的话。"张良说："大王的军队能够抵挡住项王的军队吗？"刘邦沉默一会儿说："自然是不如人家，怎么办呢？"张良说："请让我去告诉项伯，说沛公不敢背叛项王。"刘邦说："你怎么和项伯有交情的？"张良说："在秦朝的时候，项伯和我有过交往，项伯杀了人，我救了他的命；现在有了紧急的情况，所以幸亏他来告诉我。"刘邦说:"他和你的年龄谁大谁小?"张良说:"他比我大。"刘邦说:"你替我把他请进来,我得用对待兄长的礼节待他。"张良出去,邀请项伯,项伯立即进来见刘邦。刘邦就奉上一杯酒为项伯祝福,并约定为亲家,说:"我进入关中,财物丝毫都不敢据为己有,登记官吏、人民,封闭了收藏财物的府库,以等待项王的到来。之所以派遣官兵去把守函谷关,是防备其他的诸侯进入和意外变故。我日日夜夜盼望着项王的到来,怎么敢反叛呢?希望你在项王面前转达我的意思,我是不敢忘恩负义的。"项伯答应了,对刘邦说:"明天你早些来亲自向项王谢罪。"刘邦说:"好。"于是项伯又在夜里离开,回到项羽军营里,就把刘邦的话全部报告项王。趁机说:"刘邦不先攻破关中,你怎么敢进来呢?现在人家有大功你却要打人家,这是不仁义的。不如就趁机友好地款待他。"项王答应了。

　　第二天一大早,刘邦只带了随从百余人到鸿门拜见项羽,赔礼道歉、表白心迹。项羽设宴款待刘邦,项伯、范增作陪,刘邦方面只有张良作陪。刘邦向项羽谢罪说:"我和将军合力攻打秦国,将军在黄河以北作战,我在黄河以南作战。然而自己没有料想到能够先入关攻破秦国,能够在这里看到将军您。现在有小人的流言,使将军和我有了隔阂。"项羽说:"这是你左司马曹无伤说的。如果不是这样,我怎么会生气到这种程度呢?"

　　酒过数巡,范增多次暗示项王动手干掉刘邦,项王装作未看见,不予理会。范增好几次给项王递眼色,又好几次举起身上佩戴的玉向他示意,项王只是沉默着,没有反应。范增起身出去,叫来项庄,对他说:"项王为人心肠太软,你进去上前献酒祝寿,然后请求舞剑,趁机刺击刘邦,把他杀死在座席上。不然的话,你们这班人都将成为人家的俘虏。"项庄进来,上前献酒祝寿。祝酒完毕,对项王说:"君王和刘邦饮酒,军营中没有什么可以娱乐的,就让我来舞剑吧!"项王说:"那好。"项庄就拔剑起舞,项伯也拔剑起舞,常常用身体奄护刘邦,使项庄没有办法刺击刘邦。

　　张良一看情势危急,连忙到军营门口唤来樊哙。樊哙一听情况紧急,带着宝剑、盾牌就往军门里闯。交叉持戟的卫士想挡住不让他进去,樊哙侧过盾牌往前一撞,卫士们仆倒在地。樊哙于是闯进军门,挑开帷帐,面朝西站定，睁圆眼睛怒视项王，头发根根竖起，两边眼角都要睁裂了。项王伸手握住宝剑，挺直身子，问："这位客人是干什么的？"

张良说："是刘邦的护卫樊哙。"项王说："真是位壮士！赐他一杯酒！"手下的人给他递上来一大杯酒。樊哙拜谢，起身站着喝了。项王说："赐他一只猪肘！"手下的人递过来一只整猪肘。樊哙把盾牌反扣在地上，把猪肘放在上面，拔出剑来边切边吃。

项王说："好一位壮士！还能再喝吗？"樊哙说："我连死都不在乎，一杯酒又有什么可推辞的！那秦王有虎狼一样凶狠之心，杀人无数，好像唯恐杀不完；给人加刑，好像唯恐用不尽，天下人都叛离了他。怀王曾经和诸将约定说'谁先击败秦军进入咸阳，让他在关中为王'。如今刘邦先击败秦军进入咸阳，连毫毛那么细小的财物都没敢动，封闭秦王宫室，把军队撤回到灞上，等待大王您的到来。特地派遣将士把守函谷关，为的是防备其他盗贼窜入和意外的变故。刘邦如此劳苦功高，没有得到封侯的赏赐，您反而听信小人的谗言，要杀害有功之人。这只能是走秦朝灭亡的老路，我私下认为大王您不会采取这种做法！"一番话说得项王无话回答，只是说："坐！坐！"樊哙于是挨着张良坐下来。

一会儿，刘邦起身上厕所，叫樊哙与他一起出去。刘邦出去后对樊哙说："现在情况很危急，就这样不辞而别，是不是不太合适呢？"樊哙回答说："做大事顾不了小节，讲大礼顾不了小的地方。现在人家是菜刀和砧板，我们是被宰割的鱼和肉，还有什么可顾忌的呢？"

这时张良也出来了。张良问道："大王来时带些什么礼物？"刘邦说："我拿一对白玉璧，准备献给项王，一对玉酒杯，要送给范增。正赶上他们发怒，不敢献上去，你替我献给他们吧！"刘邦于是留下张良送礼给项王和范增，自己丢下随从，只与樊哙等四人抄小路悄悄回到自己的军营。临走时对张良说："从这里走小路回去不过二十里，你估计我已回到军营后再进去向他们送礼致谢。"

刘邦走了之后，估计抄小道已经回到军中后，张良才进去辞谢，说："刘邦不能多喝酒，已经醉了，不能前来告辞。谨叫我奉上白玉璧一对，敬献给大王；玉杯一对，敬献给范增先生。"项羽说："刘邦在哪里？"张良说："听说大王有意责备他，他独自离开了，已经回到了军中。"项羽就接受了白玉璧，放到座位上。范增接过了玉杯，丢在地上，拔出剑砍碎了它，说："唉！这小子不值得和他共谋大业！夺走项王天下的一定是刘邦。我们这些人就要被他俘虏了！"

就这样，刘邦借上厕所之机逃离鸿门宴，大难不死。最终刘邦大败项羽于垓下，自己做了汉朝的开国皇帝。

谋略点评

"三十六计，走为上计"说的是在敌我力量悬殊的不利形势下，采取有计划的主动撤退，避开强敌，寻找战机，以退为进，另图东山再起。当然，这种"走"不是"弃甲曳兵而走"，而是主动退却；不是怯懦，而是一种明智的选择。刘邦在鸿门宴上，眼见范增屡次要加害自己，处境十分危急，在"人为刀俎我为鱼肉"的情况下，听从樊哙的建议，借上厕所之际及时抽身逃走，实在是明智之举。

虚实相生，李广疑兵计撤退

西汉景帝时期，北方匈奴逐渐强大，不断兴兵进犯中原。当时李广任上郡太守，负责抵挡匈奴的入侵。

李广，陕西成纪人，骁勇善射。汉文帝时期曾出击匈奴，杀敌甚重，被拜为武骑常侍。汉景帝即位后，先调他为上谷太守，后又徙至上郡。在汉军四大将军（车骑将军卫青、骑将军公孙敖、轻车将军公孙贺、武骑将军李广）中，匈奴最畏惧的就是李广。李广的一生，大都投入了抗击匈奴的事业。他身经大小七十几次战斗，由于英勇善战，成为匈奴可怕的劲敌。

汉景帝中元六年（公元前144年）六月，匈奴再次大举入侵边关，入雁门，进上郡，掠走了朝廷所养的大批马群。景帝闻讯，立即派出一幸臣宦官前往边关，督促汉军抵御匈奴。

有一天，皇帝派到上郡的宦官带领一些人骑马外出打猎。打猎途中偶遇三个匈奴兵，于是就展开了一场小规模的遭遇战。战斗中，宦官被匈奴兵射伤，狼狈逃回了汉军营地。李广查看了宦官及几名受伤的汉军士兵，说道："射伤你们的这几个匈奴人，一定是善射之人！"于是，李广亲自率领一百余名骑兵前去追击。三个匈奴士兵没有马而是步行，李广带骑兵一直追了几十里地，终于追上了这三个匈奴兵。于是李广命令部下左右包抄，自己居中放箭，结果杀了两个、活捉了一个。

他们正准备回营时，忽然发现有数千名匈奴骑兵也向这里开来。李广手下的骑兵非常恐慌，都欲打马回奔。李广沉着地稳住队伍说："我们只有百余骑，离我们的大营有几十里远。如果我们掉头逃跑，匈奴骑兵肯定会追杀我们。匈奴骑兵善于骑射，如果掉头逃跑，我们将无一人能够生还！

如果我们按兵不动，敌人肯定会疑心我们有大部队行动，他们绝不敢轻易进攻。现在，我们继续前进。"

说着，他命令属下向前开进。一直到了离敌阵仅二里的地方，李广这才下令："全体下马，解鞍休息。"属下多有不解，问："匈奴兵有数千人马，如果现在解下马鞍，敌人杀来将如何迎战？"李广笑了笑，沉着地回答道："匈奴骑兵以为我们会逃走。现在我们解下马鞍，就是暗示敌人，我们不会轻易逃走，这样他们就更加疑惑，而不敢随便发动攻击了。"于是李广的士兵卸下马鞍，悠闲地躺在草地上休息，看着战马在一旁津津有味地吃草。

匈奴将领见前面的百余汉骑不退反进，还下马解鞍，就地休息起来，感到十分奇怪，更加恐慌，料定李广胸有成竹，附近定有伏兵。因为害怕中了对方诱敌之计，就忙下令停止进击，远远地观察汉军的虚实，不敢上前来。两军相持了两个时辰，双方都不敢轻举妄动。终于，匈奴方面首先沉不住气，就派了一名骑白马的将军出阵观察形势。李广见状，立即命令十余个精锐士兵上马，自己带头冲杀过去，张弓搭箭，一箭将这名白马将军射死于马下，然后又回到原地，下马继续休息。

匈奴兵越看越怀疑。天黑下来之后，李广的人马仍无动静。他们认定汉军一定有埋伏，匈奴将领怕半夜遭到汉军大部队的突袭，就连夜引兵慌慌张张地全部退回去。到了天亮，李广一瞧，山上已没有匈奴兵，才带着一百多名骑兵安然返回大营。

谋略点评

　　李广不仅骁勇善战，而且足智多谋。在敌众我寡的情况下，他临阵不乱，使出诈术，令匈奴军难测虚实，最后退去。这就是兵家常说的"兵不厌诈"，运用成功，便可化险为夷、有惊无险。

　　在行军打仗的时候，最忌暴露自己的实力，这会让敌人将自己摸得一清二楚，从而有所对策。迷惑敌人可以使对方获取到关于自己的错误信息，做出错误的判断，从而自己"知己知彼"，而敌人"知己"不知"彼"甚至是知错误的"彼"。历史上很多实例表明：兵不厌诈，兵需用诈。交战双方，虚实相间、虚实相映、虚实相生。只有这样，才能迷惑敌人，令敌人不敢轻举妄动，继而制订一系列的计划，赢得胜利。

以退为进,陈平脱衣险渡河

陈平为人机敏、谦逊有礼,又很有学识,在秦末乱世之中很想凭借自己的聪明才智求取功名。当得知项羽率军到达黄河岸边时,陈平就别妻离子前去投奔。只可惜,项羽虽然勇猛无人能敌,却猜忌多疑、心胸狭窄,没有容人之量。陈平在项羽眼里不过是个读书识字的书生而已。于是,陈平尽管在项王手下勤恳多时,也只不过是个校尉。

陈平默默隐忍等待,后来终于等到了建功的机会。被项王封在殷地的殷王司马卬起兵反叛楚国,项羽大为恼怒,立刻派遣陈平所在的军队前去平叛。一路上,陈平出谋划策,屡建奇功,很快就招降了司马卬。项羽对陈平的表现十分满意,不仅加官晋爵,还赏赐千金。这种前所未有的恩赏让陈平受宠若惊,他觉得自己就此可以在项王手下一展抱负了。只可惜好景不长,刚刚被招降的司马卬,没过多久再次叛楚。这次更绝,为了躲过项羽的压制,他干脆投降了汉王刘邦,以谋求保护。这让项羽大为恼火,他不但准备发兵征讨刘邦,更迁怒于曾经到殷地平叛的将军官吏,一定要杀之以解心头之恨。陈平听到消息,十分害怕,只身抄小路逃走。他觉得此时能和项王一决高下的只有汉王刘邦,就决定前去投靠刘邦。

陈平不分昼夜,一路西行,终于来到了黄河边上,浩荡的河水挡住了他的去路。陈平看见岸边停靠着几只小舟,就急忙雇了条船过河。那几个船夫都是身材魁梧的彪形大汉,膀大腰圆,看似很有力气。陈平只想快点逃到黄河对岸,见到汉王自己就安全了,完全没有注意到这几个船夫打量他时贼贼的目光。直到船已经离开河岸一段距离,陈平才注意到几个船夫一边摇船,一边不怀好意地盯着自己,还不时窃窃耳语几句。陈平这才惊觉自己是上了贼船,这几个船夫见自己衣着光鲜,又身佩宝剑,一定认为自己是携宝出逃的将领，没准儿正打算杀了他以劫取珍宝呢！

这让陈平万分害怕，就此丧命实在冤枉，更何况他是封金逃走，身上根本就没有多余的金银珠宝，这样被劫杀，岂非更是无妄之灾？陈平思索再三，决定不能就这么坐以待毙。既然自己身上根本没有珠宝，让这些船夫知道了，也许能躲过一劫。

主意一定，陈平立刻走出船舱，冲着摇橹的船夫说："这会儿风大浪急的，老哥实在辛苦，就让小弟也帮上一把吧！"然后他把衣服脱掉，光着膀子，一边和几个船夫拉着战乱之中不易生存的家常，一边奋力撑船。几个船夫先是吃了一惊，不过看陈平这么不在意就把衣服扔在一边，全身上下也没个能藏珠宝的地方，看来也不是什么有钱的主，于是就打消了杀人劫财的念头。

等船到岸，陈平付了船钱，急忙穿好衣服，跳上河岸，向汉军大营奔去。

谋略点评

陈平是楚汉争霸时期一个很重要的人物，他最初跟随项王攻打秦军可谓战功卓著。然而天有不测风云，他落在唯利是图、心狠手辣的水寇手中，敌强我弱，稍有不慎，轻则伤身，重则丧命。在危急时刻，陈平没有惊慌失措，而是运用以退为进、委曲求全的策略来保全自己，达到化险为夷的目的。

因此，我们在遇到危机的时候，一定要冷静行事，或以退为进，或避实就虚，都要小心地谋划一番才好。有时候，迂回一下，比直接冒失前进的效果要好得多。

临危不乱，孔明弹琴退雄师

诸葛亮在错用马谡导致丢掉街亭后，连忙分拨各路将军安排退兵，自己只带了五千兵士到西城县搬运粮草。

突然，有士兵飞马来报："司马懿率大军十五万，往西城蜂拥而来！"

当时，诸葛亮身边无一员大将，只有一班文官。所带五千兵士，一半已分配运粮草去了，只剩下二千五百名在城中。众官员听到这个消息，个个大惊失色，不知所措。诸葛亮登上城头一看，果然尘土冲天，魏军分两路往西城县杀来。不过，诸葛亮并没有慌张，而是迅速传令将旌旗全部收起来，叫军士巡逻站岗，不准任何人随意进出城门，不得高声喧哗。大开四个城门，每个城门由二十个军士扮作百姓打扫街道，魏兵到时不可慌乱。然后，诸葛亮自己身披鹤氅、头戴纶巾，带着两个少年来到城头上，面对敌人来的方向，凭栏而坐，焚香弹琴。

魏军的前哨看到这个情况，连忙报告司马懿。司马懿命令军队暂停前进，自己飞马上前观望。果然见诸葛亮坐在城楼上焚香弹琴，从容不迫，笑容可掬。左边一个少年手捧宝剑，右边一个少年手扶麈尾。城门内外有二十来个百姓低头打扫街道，旁若无人。司马懿看后心中大疑，想那诸葛亮一定埋下了重兵，连忙指挥部队后退。司马懿的儿子司马昭说："父亲为什么要退兵呢？说不定诸葛亮没有什么兵力，故意做出这个样子呢！"司马懿说："诸葛亮平生谨慎，从不冒险。今天大开城门，必有重兵埋伏。我们如果冲进去，就中他的计了。你们懂得什么？还不快退！"

诸葛亮见魏军远去了，就拍掌大笑。众官员都惊恐得不得了，现在才敢问诸葛亮："司马懿是魏国的名将，又带了十五万大军来到这里，见了丞相，怎么就慌忙撤退了呢？"诸葛亮说："他知道我平生谨慎，从不冒险。

见到我们这样镇定自若，必然怀疑有重兵埋伏，所以慌忙撤退。当然，我也的确不是冒险，而是不得不这样啊！"

众人都敬佩地说："丞相的计谋真是鬼神莫测啊！如果是我们，肯定是弃城而逃了。"诸葛亮说："我们只有二千五百人，如果弃城而逃，能逃得过十五万大军吗？岂不被司马懿生擒活捉了？"

说完，他便下令叫西城的百姓随军一起赶快撤回汉中。

谋略点评

这是《三国演义》中著名的故事"空城计"。空城计，是一种被动行为。当那些实力空虚、因遭受意外压力走投无路的一方，采用此招，目的就是企图蒙混过关或避免遭受更大的损失。由于此计具有很大的不确定性和风险性，主动权和机遇还掌握在对方手里，因而，不在万不得已的情况下，不宜使用空城计。同时，此计也不宜重复、多次运用。空城计的奇巧之处在于：要善于正确、及时地把握对方的战略背景、心理状态、性格特点等，因时、因地，以奇异的谋略解除自己的危机。诸葛亮之所以能以"空城"退敌，就是因为他准确地揣摩到了司马懿谨慎、多疑的心理状态。而诸葛亮别出心裁、奇异的思维方式，使他成功地化解了一时的危急。

随机应变，卫瓘急智灭钟会

三国末年，蜀吴势衰，魏国越来越强大。随着蜀国五虎将相继去世，丞相诸葛亮操劳而终，一时间"蜀中无大将"的局面使得原本在三国中就很弱小的蜀国更显得捉襟见肘。于是，魏国在发动兼并战争时第一个选择的对象就是蜀国。

魏国派钟会、邓艾为主将，卫瓘为监军，兴兵伐蜀。面对魏军强大的攻势，蜀军没有招架之力。很快，蜀国败亡，蜀中落入曹魏之手。钟会和邓艾因此立下大功。但是两个人互相猜忌，都认为对方有抢功之嫌。最后，钟会向朝廷告发邓艾有占据蜀中自立为王的野心。

钟会的谋士也劝他趁这个机会扳倒邓艾、杀掉卫瓘，这样就可以安心地独占蜀中，成就一番乱世英雄的霸业。早就看邓艾不顺眼的钟会不禁蠢蠢欲动，开始紧锣密鼓地筹备反叛。

钟会盘算着他向朝廷揭发邓艾，朝廷势必会暗中命令监军卫瓘进行调查。只要卫瓘杀了邓艾，他就可以给卫瓘罗织罪名，直接除掉这个强大的对手。钟会知道卫瓘已经接到了朝廷密令，就跑来见卫瓘，话语中旁敲侧击告诉卫瓘：邓艾谋反早已是事实，如果卫瓘一味偏袒，就是对司马大将军的不忠，理应和反贼同罪。

这时，刚才还对朝廷密令用意十分疑惑的卫瓘立即明白了这一切只是钟会设下的局。对眼前局势心知肚明的卫瓘，虽然知道这时擒杀邓艾只会于己不利，但是，如果立时拒绝钟会的要求，肯定会遭毒手。毕竟山高皇帝远，自己眼下只是没有太多兵权的监军，如果没有朝廷的诏令，自己在这里什么都做不了。倒不如先答应下来捉拿邓艾，只要不引起邓艾手下将士的怀疑，要比拒绝钟会更安全些。只要能活着回到京师，就还有机会向司马大将军告发钟会的种种劣行。

于是，卫瓘就表面上对钟会唯唯诺诺，表示会服从朝廷的命令，还和钟会约定第二天一早就捉拿邓艾父子，希望钟会出兵协助。钟会以为卫瓘不明就里已经上钩，不禁心中大喜。他连连应承，一面命人加强对卫瓘的监视，一面调动手下准备将邓艾一党一网打尽。

第二天凌晨，卫瓘持司马大将军手谕号令全军，说邓艾谋反，凡悬崖勒马站在卫瓘一边的，就可以加官晋爵；执迷不悟仍要和邓艾为伍者，就与邓艾同罪，诛三族。这样，邓艾手下的将士纷纷离开邓艾的军营，与卫瓘合兵一处。而邓艾父子还在睡梦中就稀里糊涂地被抓了起来。

钟会见邓艾父子已经被囚禁，就将他不信任的将领也全部关押起来，把兵权集中在自己手里。然后，他利刃相加，威逼卫瓘下手杀了邓艾父子和那些不听话的将领。卫瓘知道，钟会是铁了心要举旗造反了。于是他一面假意应承，借口这几天为邓艾的事情操劳过度，身体很差，实在需要休养几天，等他身体稍好立即着手办理；一面想办法通知那些尚有实权的将军们钟会即将造反的实情。

但是，钟会对卫瓘监视严密，卫瓘根本没机会通知那些将军。为了放松钟会的警惕，卫瓘大喝盐水，吐得昏天黑地。他本来身体就虚弱，这样一来，更是精神涣散就像突发大病一样。钟会虽然疑心卫瓘只是在拖延时间，可是他派去的亲信和医生都认为卫瓘的确是身体不适，没有发现丝毫的破绽。钟会终于相信卫瓘是真的病势沉重了，就不那么顾忌卫瓘，而更加肆无忌惮起来。

卫瓘见时机成熟，就赶紧联络诸军，告知钟会谋反的消息，要求各军将领于次日清晨发兵围攻钟会。就这样，钟会还在为自己即将成为蜀中之王沾沾自喜的时候，就被卫瓘带兵剿灭了。

谋略点评

卫瓘能够在钟会的威胁下全身而退,继而抓准时机将其一举剿灭,不能不说是谋略和智慧灵活运用的典范。临危不乱、处事不惊是善于谋略者处世的基本素质,审时度势、随机而变是他们所具有的基本手段。在面对已经谋划许久、杀机立现的对手时,首先应该学会保全自己,仔细谋划,然后才能随机应变,找出对手的弱点,彻底地变被动为主动。

事急则乱,事缓则全。在危机来临的时候,一定不能惊慌失措,要尽可能拖延和对手过招的时间,转移对手的注意力,制造假象迷惑对手,争取时间。想出应对之策,才会在突如其来的危难中化险为夷。

方圆有度

——处世谋略

《红楼梦》中有这么一句话:"世事洞明皆学问,人情练达即文章。"也就是说,只有对社会上的各种事情都了解透彻,才算是学问;处理人情世故的时候干练而通达,才能算得上是心中有锦绣文章。为人处世,需要方圆有度,该圆就圆,该方就方,做到千变万化,才可圆润通达。刚为方,柔为圆,方是以不变应万变,圆是以万变应不变。无论做事还是做人,无论对人还是对己,都要圆内有方、方中有圆,都要方中做人、圆中归真。这就是方圆之道,这就是处世哲学。

功成身退，范蠡功退成巨富

范蠡，字少伯，春秋末年楚国宛（今河南南阳）人。年轻时，他曾师从奇人计然。对于范蠡的才学，越国大夫文种非常敬佩，便把他推荐给越王勾践，范蠡从此成为勾践的主要谋士，开始走上"平吴霸越"的坎坷之路。

周敬王二十六年（公元前494年），越王勾践被吴王夫差打败，退守会稽。勾践采纳了范蠡的计谋，向吴国称臣纳贡，并亲自去吴国做人质。当时，吴王夫差听说范蠡很有才能，便对他说："听说聪明的妇女不会嫁给即将破亡的家庭，有才能的人不会去辅佐即将灭亡的国家。现在，你们君臣都是我的奴仆，我准备赦免你的罪过，让你改过自新，弃越归吴，你看怎么样？"

这时，越王勾践担心范蠡真的会离他而去，只好伏地哭泣。可是，范蠡却不卑不亢地回答："我也听说，已经亡国的臣子没有资格议论朝政；已经战败的将军，也不配谈什么勇敢。过去，我没能好好地辅佐越王，以致得罪了大王。幸亏大王宽厚、仁慈，给我们留了一条命。现在，我已经很满足了，哪还敢奢望荣华富贵？"

就这样，范蠡陪着勾践在吴国当了几年人质。后来，他们又一起回到越国，卧薪尝胆、发愤图强。周元王四年（公元前473年），越王勾践出兵一举消灭了吴国。

班师回国后，君臣设宴庆功。席间，乐师作了一首《伐吴》之曲，称颂范蠡、文种之功，勾践听后却面无喜色。范蠡见了，不禁心里"咯噔"一下，立刻明白了一切：勾践这个人猜疑、嫉妒之心很强，不喜欢臣下功高震主。看来，自己若不及早脱身，日后难免招来杀身之祸。一想到这里，他便决定急流勇退。

第二天,范蠡就去见勾践:"臣闻主辱臣死。二十年前,大王受辱于会稽,臣之所以忍辱偷生,只是为了能复兴越国。现在,吴国已灭,如果大王能赦免臣的罪过,我愿金盆洗手,退隐江湖。"勾践一听,神色凄然:"没有先生,寡人就没有今天。如果先生留在我身边,我将和您一起共享越国;倘若先生私自逃走,必将身败名裂,一家老小难保!"

范蠡曾辅佐越王勾践多年,对他的心思非常了解,而且早就看透了世态炎凉,根本不敢奢望"共享越国"。所以他断然表示:"大王,您如果要处死我,我也是罪有应得。但我的妻子、儿女又有什么罪过?现在,他们的死活也只能听凭大王处置,我也管不了那么多!"

当晚,范蠡便不辞而别,乘着一叶小舟,涉三江,入五湖,辗转来到齐国陶山,在那里隐居,自称"陶朱公",做起生意来,成为中国历史上第一位大商人。

范蠡走后,忽然想起曾经风雨同舟的好朋友文种,便修书一封,派人送给他。文种打开信,信中写道:"狡兔死,走狗烹;飞鸟尽,良弓藏;敌国破,谋臣亡。越王勾践为人,长颈鸟喙,可与共患难,不可与共安乐,先生何不速速出走?"

文种看后,想到勾践近来与功臣们日渐疏远,这才如梦方醒,便假托有病,不再上朝。可是,一切都晚了。勾践深知文种才华过人,担心他一旦有二心,没人能对付得了他,便对他起了杀心。这时,有人诬告文种图谋不轨,勾践就赐给文种一柄宝剑:"过去,先生教我伐吴七策,我仅用三策就灭掉吴国。现在,请先生去地下实行其他四策吧!"文种捡起宝剑一看,见上面刻着"属镂"二字,正是吴王夫差令伍子胥自裁的那柄剑,只好仰天长叹,拔剑自刎。范蠡的出色智慧给春秋晚期的吴越争霸增添了一丝传奇色彩,而范蠡本人也知道进退,所以后人曾有评论:"文种善图始,范蠡能虑终。"相比起来,文种的结局就有些悲凉,越发衬托出范蠡的过人之处。难能可贵的是,在自己事业的最高峰,范蠡看透了权力场,毅然急流勇退,这种大智大勇实在是千古罕见,非常人所能及!

谋略点评

老子说:"功遂身退,天之道。"这是有一定道理的。范蠡正因为深谙此道,才能最终全身而退;而文种由于醒悟得太晚,最后竟落得身死的下场。

自古以来,政治与权力互为表里。从某种意义上说,政治就是权力之争。一旦臣子功高盖主,使主上的权力受到威胁,就难免有杀身之祸,成为权力的牺牲品。功成身退,从人生观上来说,是基于一种见好就收、豁达大度的胸怀。

急流勇退，范雎全身离相位

范雎原本是魏国人，家境贫寒，由于没有钱财去接近魏王，只得先去侍奉魏国中大夫须贾。后来他遭须贾诬陷，被相国魏齐打得死去活来，丢在厕所里。幸亏魏人郑安平救了他，从此改名换姓为张禄。不久，秦国使者王稽出使魏国，郑安平让他见了范雎。王稽与范雎谈话后，觉得他的确很有才能，便设法把他带回了秦国。范雎到秦国时是秦昭王三十六年，当时，秦国在南方打败了楚国，东边攻破了齐国，又屡次围困韩、赵、魏三国，形势大好。因此，秦昭王讨厌那些说客辩士，这使得范雎到秦国一年多还没有得到秦昭王的接见。后来，秦相国穰侯想越过韩国和魏国去征伐齐国的纲寿，借此扩充他在陶的封地。范雎知道后，就写了一封长长的书信托人呈交给秦昭王，秦昭王在读信后终于同意接见他了。

范雎见到秦昭王后，谈古论今，分析天下大势和秦国现实，深得秦昭王信服，两人谈得十分投机。谈到关键处，范雎说："现在穰侯想越过韩、魏两国去攻打齐国的纲寿，这是极不明智的。"

昭王正为此事举棋不定，听范雎一说，连忙问范雎的理由。

范雎陈述说："如果秦国出兵太少，根本就打不过齐国；如果出兵过多，又害怕国内空虚。何况，现在韩、魏两国对秦国本来就不够亲善友好，你还要越过他们的国土去攻打齐国，这妥当吗？从前齐国曾南征讨伐楚国，破楚军，杀楚将，又占领了方圆千里的土地，可最终却没有得到这些土地的一尺一寸。这是为什么呢？难道是齐国不想得到这些土地吗？当然不是。那是因为形势所迫，使他们不得不放弃。因为各诸侯国见齐国远征楚国，疲惫困乏，就乘机联合起来进攻齐国，使齐国顾此失彼，大伤元气。齐国失败的原因，正是由于它讨伐楚国而使韩国和魏国得到了好处。这就像人们常说的那样,'把兵器借给强盗,把粮食送给小偷',岂不是荒谬之极的行为?"

昭王认为范雎说得很有道理,便进一步问范雎该怎么办。

范雎说:"以在下的看法,大王不如远交近攻,即交好远方的国家,进攻邻近的国家。这样,占领一寸土地就得到一寸土地,占领一尺土地就得到一尺土地,而不会像穰侯想做的那样,舍近求远,得不偿失。"

昭王听后茅塞顿开。接着,范雎又为他描绘了控制韩、魏以威慑楚、赵,制约楚、赵以威慑齐国的蓝图。昭王于是拜范雎为客卿,发兵攻打魏国和韩国。秦昭王四十一年,又拜范雎为相,封应地,号应侯。

此后多年,秦国一直采用范雎"远交近攻"的策略,从秦昭王到秦始皇,终于先后消灭了韩、赵、魏、楚、燕、齐六国,统一天下。

范雎用"远交近攻"的策略说动秦昭王后,被秦昭王拜为客卿。以后又为秦昭王出谋划策,废黜了专权的宣太后,驱逐了把持朝政的穰侯、高陵君、华阳君、泾阳君等人,维护了昭王的绝对权威。

范雎做了相国后,更是屡建奇功,成为秦昭王最信任的人。他得志不忘故人,保举把他从魏国带来秦国的王稽做了河东太守,又保举在魏国救过他的郑安平做了将军。

后来,郑安平带领两万人投降了赵国,王稽也犯了通敌罪被杀头。根据秦国的法令,举荐者也应治罪。虽然秦昭王考虑到范雎的功劳很大没有将他治罪,但范雎自己心里感到不自在。

这时,燕国人蔡泽来到了秦国。他为了能够见到范雎,先托人在范雎面前说了一番激怒他的话:"燕国来了一位说客蔡泽,非常能言善辩。他说如果他一旦见到昭王,昭王一定会不重视你并夺去你的相位。"

范雎决定见一见这个不速之客。蔡泽气宇轩昂,谈吐不同凡响,范雎见他之后不得不服。蔡泽对范雎说:"人们常说,太阳运行到中天便要偏西,月亮圆满便要亏缺。物盛则衰,这是天地间的自然规律。你现在功劳很大,官位到了顶点,秦王对你的信任也无以复加,正是退隐的好时机。这时退下来,还能保住一生的荣耀,不然的话,必有灾祸。这方面的教训是很多的。想当年，商鞅为秦孝公变法，使秦国无敌于天下，结果却落得车裂而死的下场；白起率军先攻楚国，后打赵国，长平之战杀敌四十万，最后还是被迫自杀。又如吴起，为楚悼王立法，兵震天下，威服诸侯，后来却被肢解丧命；文种为越王勾践深谋远虑，使越国强盛起来，报了夫差侮辱之仇，可是最终还是被越王所杀。"

范雎听后不禁耸然动容。蔡泽稍稍停了一会儿又说："这四个人都是在功成名就的情况下不知退隐而遭受了祸患，这就是能伸而不能屈、能进而不能退啊！倒是范蠡明白这个道理，能够超脱避世，做了被人称道的陶朱公。我听说，以水为镜，可以看清自己的面容；以他人为镜，可以知道自己的祸福。《逸书》说：'成功之下，不可久处。'你何不在此时归还相印，让位给贤能的人，自己隐居山林，永保廉洁的名声、应侯的地位，世世代代享受荣耀呢？"

蔡泽的话说服了范雎。于是，他待蔡泽为上客。过了几天，范雎向秦昭王介绍了蔡泽，说服昭王拜蔡泽为相国，自己托病归还了相印。就这样，范雎急流勇退，全身离开了相位。

谋略点评

如果说逆水行舟是一种前进的策略，那么急流勇退就是一种以退为进的艺术。高明的人往往深谙急流勇退的道理，因为他明白，只有退得及时，才能常立于不败之地。急流勇退虽然是一种放弃，却是一种智慧的表现，是一种清醒的选择，是一种明智之举。

从智谋上说，急流勇退是一种回避，避开矛盾激化的可能性，避开那种必然会造成的令人痛心的局面。正如蔡泽劝范雎时所说的那样：太阳运行到中天便要偏西，月亮圆满便要亏缺。物盛则衰，这是天地间的自然规律。因此范雎在秦王对他的信任无以复加、地位正如日中天的时候，听从了蔡泽的劝告，及时抽身，急流勇退，的确是一种明智之举。

廉洁奉公，晏婴律己得美名

晏婴身为齐相，平时穿粗布衣，一件狐皮大衣穿了十几年，即使祭祀祖先也不过将衣服和帽子洗干净穿上罢了。

一天，齐景公的使者到晏婴家，恰好赶上晏婴准备吃饭。晏婴就把饭分了一些给使者吃，结果两人谁也没有吃饱。使者将此事告诉了齐景公。

齐景公听说晏婴吃饭很节俭，便亲自到他家去看。的确，晏婴吃的是糙米饭，只有一荤一素两个菜。齐景公以为晏婴非常贫困，为此还做了自我批评。晏婴解释说："现在老百姓生活很苦，一般人家勉强能吃上大米饭。而我的一顿饭就等于他们三顿用的钱，可我的德行和才能没有高出他们一倍。由此看来，我的生活并不贫穷。"

齐景公想改善一下晏婴的居住条件，于是对晏婴说："您的住所距市场太近，既低下狭小，又喧闹多灰尘。您身为齐相，住在这里实在不合适，请换一处地势高、宽敞、明亮的地方建造新居吧！"晏婴不肯，说："我祖祖辈辈都住在这里，我继承这份遗产，对我来说已经太奢侈了，不敢再有别的奢望。"后来，齐景公趁晏婴出使晋国的机会，给他建造了一处新居。等到晏婴返回齐国时，新居已建成了。他拜谢了齐景公，随后将它拆掉，按照百姓的住房重新建造好，让原来的住户重新搬回来，自己还是回到原来的住宅。

晏婴上朝时，总是乘坐一辆劣马拉着的破旧车子。齐景公以为他的俸禄少，才乘坐与自己身份不相称的车子。晏婴说："由于您的赏赐，我不仅吃得饱、穿得暖，有车子坐，还有力量帮助别人，我的生活已经很好了。"晏婴走后，齐景公派人送他一辆由几匹膘肥体壮的马驾着的漂亮车子。一连送了三次，晏婴始终不肯接受。齐景公很不高兴，迅速召他问其原因，并说："如果您不接受，我也不再坐车子了。"晏婴说："您任用我管理全国的官吏，我怕他们奢侈浪费和行为不正，要求他们节衣缩食，以减轻老百姓的负担。现在您乘坐好的马车，我也如此，上行下效，奢侈之风就会在全国盛行，那时候我就无法禁止了。"最后齐景公只好听从了晏婴的意见。

晏婴不仅在衣、食、住、行方面严于律己，而且对待封邑问题，也显出他的高风亮节。

一次，齐景公要把富庶的平阴（今山东平阴东北）和棠邑（今山东聊城西北）赏赐给晏婴。晏婴不肯接受，并说："由于您喜欢修建豪华的宫殿，弄得老百姓筋疲力尽；又由于您贪图享乐，弄得老百姓贫困不堪；还由于您动辄对外兴师打仗，老百姓将要活不下去了。因此，百姓十分怨恨朝廷和官府，所以我不敢接受您的赏赐。"景公说："您说得对，那么您就不想富贵吗？"

晏婴答道："我以为当臣子的，首先要为君主，然后才为自己，先为国而后为家。怎么说唯有我不想富贵呢？"景公说："那么用什么东西来赏赐您呢？"晏婴答道："您下令减免鱼盐商人的税收，对农民实行十一税，减轻刑罚，该判死刑的减为徒刑，该判徒刑的改为较轻的处罚，该判较轻处罚的免罪释放。您做到以上这几点，那就是对我最好的奖赏。"景公照办了，不仅本国人民得到了好处，同时也改变了齐国在列国中的不好形象。

晏婴不仅是一位德高望重的贤相，而且与其夫人的爱情也是忠贞不渝的。景公有个心爱的女儿，希望能把她嫁给晏婴。一天，景公去晏婴家，看到他的妻子老而且丑，当即要把自己年轻漂亮的女儿许配给晏婴为妻。晏婴立即表示："我的夫人当年很漂亮，只是现在老了。我曾经答应过，永远不抛弃她。我不能违背自己的诺言。"晏婴婉言谢绝了这门亲事。晏婴不喜新厌旧，身居高位不弃糟糠之妻的高尚品质，为后世所称颂。

晏婴临终前还告诫他的夫人："我死后，不管世道如何变化，一定要保持我们的家风，不要改变你以往的生活习惯。"他对未成年儿子的遗言大意是：富贵了，不要奢侈腐化，不要挥霍浪费，不要骄傲放纵，不要贪财自私。

谋略点评

晏婴聪明机智、学识渊博、能言善辩，是我国古代著名的政治家和外交家，是历任齐国灵公、庄公、景公三朝的大臣。

当时的齐国崇侈靡费，风流绮靡畅行于宫廷内外，晏婴慨叹、愤激。他本人节俭、自律，并且希望能以自己的诚挚之情、艰苦朴素的生活感动别人。他乘的是老马旧车，一顿正餐也不过是一荤一素而已，其衣、食、住、行都持俭自律。"达则兼济天下，穷则独善其身"，晏婴这种严于律己、生活上愿向下层比较的思想，值得我们学习。

防患未然，孟尝君狡兔三窟

齐国有个名叫冯谖的人，家境贫困，难以养活自己，托人请求孟尝君，愿意寄食门下。孟尝君问："先生有什么爱好吗？"冯谖说："没有。"孟尝君又问："先生有什么特长吗？"他说："也没有。"这样一个既无爱好又无能耐的人，孟尝君居然也收留了他。那些佣人看不起冯谖，成天给他粗茶淡饭。

过了一段时间，冯谖就倚门弹剑唱歌了："长剑长剑咱们回去吧！吃饭没有鱼。"佣人就把这事向孟尝君打起了小报告，孟尝君大手一挥说："给他吃鱼，待遇跟别人一样。"又过了一段时间，冯谖又唱歌了，这回唱的是："长剑长剑咱们回去吧！出门没有车。"别人就把这件事当笑话一样讲给了孟尝君听，孟尝君豪爽地说："给他车子吧，与别人乘的车一样。"这下，冯谖可就得意了，驾着车子去看他的朋友并且说："孟尝君非常尊重我。"可没过多久，他又开始弹剑唱道："长剑长剑咱们回去吧！没有钱养我家。"这下，别人都觉得他太过分了，简直是贪得无厌，就去孟尝君那儿报告。孟尝君倒不在意，在得知冯谖家中尚有一老母后，就叫人按时供给其母吃穿用度。这使冯谖深受感动，决心不再向孟尝君索取，一心一意地等待为孟尝君效力的机会。

过了一年的时间，冯谖什么话也没再说。而此时，孟尝君是齐国的相国，在薛地有万户食邑。由于门下养有三千多食客，封邑的收入不够奉养食客，于是他便派人到薛地放债收息以补不足。但是放债一年多了，还没收回利息钱，门下食客的奉养将无着落。孟尝君于是想在食客中挑选一位能为他收取利息钱的人。孟尝君出了一通告示，问门下食客："请问哪一位通晓账务会计，能替我到薛地收债呢？"冯谖署上名字说："我能。"孟尝君看了很诧异,问左右随从:"这是谁呀?"人们答道:"就是那个唱'长剑呀,我们回去吧'的人。"孟尝君笑道:"他果然有才能。我真对不起他,还未曾跟他见过面呢。"于是请他来相见,道歉说:"田文每日忙于琐事,心身俱累,神昏意乱,而且生来懦弱笨拙,只因政务缠身,而怠慢了先生。好在先生不怪我,先生愿意替我到薛地收债吗?"冯谖说:"愿效微劳。"于是孟尝君替他备好车马行装,让他载着借据出发。临别时,冯谖问:"收完债后,买些什么回来呢?"孟尝君回答:"先生看着办,买点我家缺少的东西吧!"

冯谖辞别了孟尝君,驱车到了薛地,派官吏召集应该还债的人,偿付息钱。结果得息钱十万,但尚有多数债户交纳不上。冯谖便用所得息钱置酒买牛,召集能够偿还息钱和不能偿还息钱的人都来验对借据。债户到齐后,冯谖一面劝大家饮酒,从旁观察债户贫富情况,一面让大家拿出借据如前次一样验对,凡有能力偿还息钱的,当场订立还期;对无力偿还息钱的,冯谖假托孟尝君的名义将债款赏给这些百姓,并烧掉了那些借据,百姓感激得欢呼万岁。

冯谖又马不停蹄地返回齐国都城临淄,一大早求见孟尝君。孟尝君很奇怪他回来得这么快,穿好衣服接见他说:"收完债了吗?何以回来得这般快捷?"冯谖答道:"都收完了。""先生替我买了些什么回来?"冯谖说:"殿下曾言'买些家中缺少的东西',臣暗想,殿下宫中珠宝堆积、犬马满厩、美女成行。殿下家中所缺少的,唯有仁义了,因此臣自作主张为殿下买了仁义回来。"

孟尝君说:"你是怎么买仁义的?"冯谖答道:"您有了个小小的薛邑,不把那里的百姓当作自己的子女一样加以抚爱,却用商贾手段向他们敛取利息。我认为不妥,就假托您的旨意,把债赏赐给那些无力偿还的百姓,这就是我替您买的仁义呀!"孟尝君很不高兴,说:"我知道了,先生退下休息吧!"

又过了一年,有人在齐湣王面前诋毁孟尝君,湣王便以"寡人不敢把先王的臣当作自己的臣"为借口罢掉了孟尝君的相位。孟尝君罢相后返回自己的封地，距离薛邑尚有百里，百姓们早已扶老携幼，在路旁迎接孟尝君。孟尝君此时方知冯谖焚券买义收德的用意，感慨地对冯谖说："先生为我买的'义'，今天方才看到！"冯谖接着对孟尝君进言说："狡兔三窟，才可得以免死。如今殿下只有一洞穴，尚未能得以高枕无忧，臣愿替殿下再凿两穴。"孟尝君便给他五十辆车、五百金去游说魏国。冯谖西入大梁，对魏惠王说："齐国放逐了大臣孟尝君，诸侯谁先得到他，谁就能富国强兵。"于是魏王空出相位，让原来的相国做上将军，派出使节，以千金、百乘马车去聘孟尝君。冯谖先赶回薛地对孟尝君说："千金是极贵重的聘礼，百乘马车是极隆重的使节，咱们齐国该知道这件事了。"魏国使者接连跑了三趟，可孟尝君坚决推辞不就。

齐国人听到这个消息，君臣震恐，连忙派遣太傅带着千金、两乘四马花车及宝剑一把，外附书信一封向孟尝君道歉说："都是寡人行为的兆头不吉祥，遭受祖宗降下的灾祸，听信谗言，得罪了先生。寡人无德，虽不足以辅佐，但请先生顾念先王宗庙，暂且回国执掌政务。"冯谖劝孟尝君说："希望殿下索取先王的祭器，立宗庙于薛。"宗庙落成，冯谖回报说："三窟已成，殿下可安心享乐了。"

自此以后，孟尝君担任齐相几十年，果然没有遭到什么祸害。冯谖"狡兔三窟"的计谋收到了实效。

谋略点评

　　冯谖为孟尝君赢得了百姓的爱戴、无上的名誉,还有宗庙的保护。三道坚固的防御使孟尝君立于不败之地。

　　"狡兔三窟"的关键在于居安思危,用全局的、发展的眼光考虑问题,预先做出多种避祸的准备。就连兔子尚且懂得多建造几个洞穴以求自保,更何况人呢?这告诉我们,即便是在顺风顺水的时候,也应当积极准备,防患于未然。

　　防患于未然,是智者避免灾祸的良方,是降低损失的最佳措施。古有亡羊补牢者,但亡羊补牢到底还是有损失,不如防患于未然。与其在事故发生之后再采取措施来弥补,不如在其之前就对可能发生的危机进行防范。

小心谨慎，萧何自污名节免猜忌

在历史上，兔死狗烹、鸟尽弓藏的例子数不胜数，那些辅助君王打天下的开国功臣，很少有能得到善终的。但作为刘邦辅弼之臣的萧何却是其中的一个异数，他始终稳坐丞相的高位，在官场上风风光光达数十年之久。

萧何在追随刘邦起义之前，一直在沛县做文官。当时刘邦还是四处游荡的一介草民，萧何为人忠厚、待人诚恳而没有官架子，他始终没有因为刘邦地位低微而瞧不起他，而是与他倾心结交，并且经常暗中帮助他，让刘邦少吃了不少官司。刘邦当上了亭长之后，经常与萧何交往，关系很深。后来刘邦起义，萧何一直跟随他，刘邦差不多对他言听计从。萧何在刘邦战胜项羽、建立汉朝的过程中，立下了汗马功劳。刘邦平定天下后，论功行赏，群臣争功，一年多还定不下来。最后，还是由刘邦乾纲独断，认为萧何功劳最大。然而，即便是对这样一位生死与共的患难之交，刘邦却仍然不能完全放心于他。

公元前204年，楚汉两军在荥阳长期对峙，双方相持不下。在前线带兵打仗的汉王刘邦忽然大反常态，几次派使者回去慰问留守关中的萧何。门客鲍生悄悄对萧何说："现在汉王在外风餐露宿，却数次派人慰问留守后方的您，这是在怀疑您呀！为您的安全考虑，只有将家族中凡是能当兵打仗的子弟全都送到前方去，方能解除汉王的疑心。"萧何采纳了他的计策，随即派了许多本家的兄弟子侄，让他们押运粮饷到前方效力。刘邦得知萧何不仅运来了粮饷，而且派了不少亲族子弟前来从军，心中大喜，传令亲自接见。当问到萧何近况时，萧家子弟齐声说："托大王洪福，他一切安好，只是常常担心大王栉风沐雨，驰骋沙场，恨不能亲来相随，分担劳苦。现派遣臣等前来投军，愿大王收用。"刘邦非常高兴地说道："萧何为国忘家，真是忠诚可嘉！"

时间到了公元前196年。那一年，刘邦的心腹陈豨起兵造反，刘邦御驾亲征。战事正在紧张进行，淮阴侯韩信谋反关中，吕后采用萧何之计，诛杀韩信。刘邦听说韩信被诛，立即派使者拜萧何为相国，加封五千户，下领增加五百人作为相国卫队，并令一个都尉率领。朝中文武皆来祝贺，庆祝萧何高升。

萧何门下一个叫作召平的食客看出了刘邦的用心，忙去给萧何出主意。

这位召平原是秦国的东陵侯，秦朝灭亡之后沦落为平民百姓，生活无着落，只得在长安城东种瓜为生。召平很会种瓜，人们把他种的瓜誉为"东陵瓜"。萧何听说他是贤才，便授以掾属之职，实际上是一位幕僚。

召平在一片赞歌声中，私见萧何。

萧何问："足下何事？"

召平说："丞相可知大祸将要临头？"

"你怎么突然说起此事？"

"丞相怎么不细细思量，皇上御驾亲征，顶风雨，冒严寒，时刻都有生命之虞；而丞相镇守关中，可以说是过清闲日子，无刀箭之险，无严寒之苦。而皇上还加封您为丞相，增加您的卫队，加封您的食邑，这是为什么呢？"

"这是为什么呢？"萧何来不及多想。

召平说："淮阴侯韩信新近在都中谋反，因此皇上对您也产生了疑心。皇上赏赐卫队，名义上是对您的宠爱，而实际上是为了防范您。希望丞相推辞不受，赶快拿出自己的家产去充军费，这样或许可以转祸为福，打消皇上的疑心。"

萧何觉得召平的话很有道理，急忙上表辞封，拿出家产充当军费。刘邦果然大喜。

公元前195年秋，英布谋反，刘邦不得不带病亲征。刘邦数次派使者询问萧何，镇守关中准备做些什么。萧何上表回奏，声称就像刘邦平定陈豨时一样，安抚百姓，稳定关中，搞好后勤供给。

刘邦自从杀了韩信之后，接着又杀了彭越，而今又去征讨英布，心中是十分恐慌的。韩信、彭越、英布，号称"汉初三大将"，刘邦最怕他们造反，所以设计诬杀了韩信和彭越。这两人都是束手就擒，刘邦是有惊无险，但是如今英布拥兵造反，他怎么能不忧心忡忡？

史书明文记载，连生病在家的张良也亲自赶到灞上送行，并且告诫刘邦千万小心。

刘邦紧握张良之手，恳请张良为太子少傅，协助叔孙通辅佐太子。刘邦又采纳张良建议，给太子刘盈配备了一支强大的卫队。

刘邦的这些举动，又被萧何手下食客看出了其中微妙。食客对萧何说："丞相知道吗？您已经离灭族不远了！"萧何本来忠心耿耿，忙说："这又是为什么呢？"

食客说："您身为丞相，名列功臣首位，皇上还能够加封您吗？"

"不可能了，我已经位极人臣了！"

"丞相自从入关以来，十几年来深得民心。这种情况随着皇上杀戮功臣、屡次征伐而有增无减，关中之民尽皆归附相国。皇上这次带病亲征，对手是英布这样的劲敌，连留侯张良这样的人物都感到形势十分严峻，带病出来辅佐太子。皇上屡次派使者询问相国，就是怕您深得民心，功高震主，一旦有甚异举，关中必然震动。臣下为相国计议良久，相国最好侵民自污，压价强购百姓土地，用这种方法自污，皇上心中才会感到后方安稳，才会消去疑心！"

萧何越想越怕，万不得已，依计而行。刘邦听到萧何侵民，果然十分高兴。

刘邦平定英布之后，返回长安。刘邦还在路上，关中百姓拦路告御状，纷纷控诉萧何强行压价和强占他们的土地。刘邦乐滋滋地回到宫中，萧何立即去拜谒。

刘邦喜上眉梢，说："如今相国这样替我镇抚关中百姓？"说着把百姓的诉状递给萧何说："你自己去向百姓交代！"

萧何叩头请罪，回到相府，立即招来百姓，愿卖的立即补足余钱，不愿卖的，如数退还土地。关中百姓山呼万岁，盛赞皇帝英明。刘邦听说此事，欣喜欲狂。萧何本来不愿意如此行事，但是为了消除刘邦疑心，不得不吞下这杯苦酒，不得不自己毁坏自己的名声。

谋略点评

俗话说"功高震主"。这也是古代君王为稳固皇位而大杀功臣的一个重要原因，历史上许多功臣就是死在自己曾经死心塌地追随的主子刀下。因此许多明智之人在功成名就之时反而更加谨慎，以免遭到猜忌，引来杀身之祸。萧何一直是刘邦的一块心病，刘邦表面上给萧何加官晋爵、封赏土地，但内心里又时时处处防着他。萧何一是尽遣本家子弟随刘邦到前线效力，把自己家族的身家性命全都绑在刘邦的战车上；二是身居高位而多买田地、广置钱财，表明自己只关心吃喝玩乐而别无他求，不惜自损名节来打消刘邦对自己的怀疑，可谓用心良苦。正是由于萧何处处小心谨慎，夹起尾巴做人，才得以消灾免祸，既大有作为，又得保其身，真正称得上是一代贤相。

因势利导，陈平放浪避吕后

陈平曾以谋略协助刘邦建立西汉王朝，因此被刘邦封为曲逆侯。汉惠帝刘盈死后，吕后开始专权。

陈平这时虽然担任丞相，但内心对吕后肆意专权十分不满。他知道吕后忌恨有才能的大臣，而自己的文武才能远在其他大臣之上，应该躲避吕后的锋芒，保住丞相地位，等待时机削弱吕氏的权力。

从此，陈平假装放浪形骸，整天沉溺在美酒女色之中。到上朝的时候，他唯唯诺诺，从不明确发表意见，表现出一副痴愚的样子，以免引起吕后讨厌。虽然他位高权重，却百事不管。

后来，吕后打算将吕姓的人立为王，征求陈平等人的意见。生性直爽的王陵回答说："高祖曾经杀白马订立盟约，规定凡是不姓刘的人当王时，天下人应联合起来讨伐。现在立吕姓的人为王，是违背先帝的誓约。"吕后大怒。

陈平的回答却令吕后喜笑颜开："以前高祖平定天下之后，便拥立姓刘的子弟为王。现在是太后当政，想立姓吕的子弟为王，也没有什么不可以的。"

吕后对王陵的话怀恨在心，剥夺了他的丞相大权，降职为太傅。王陵于是请求返回故乡，以生病为由辞去官职，在家里闭门不出，直到死在家中。

陈平受到吕后重用，吕后的妹妹吕媭对此十分不满，不断在吕后面前诋毁陈平。

陈平知道此事后，心中暗喜自己表演得不错。吕后越发对陈平没有戒心，竟对他说："俗话说'女人小孩的话千万听不得'，我们这样的关系，完全不要害怕吕媭的谗言。"陈平继续表演下去，吕后日益欣赏他的"忠厚"。

然而，吕后一死，陈平便与周勃共同策划，铲除吕氏势力，诛杀吕产、吕禄等人，平定了诸吕叛乱。陈平和周勃拥立汉文帝刘恒，恢复了刘氏天下。

西汉众多大臣中，最为足智多谋者，当数陈平。当年辅佐高祖刘邦时，频出奇计；后来大权在握，又能审时度势，不仅不滥用权力，而且设法制止了权力被非分之徒篡夺。其中原因，正在于陈平悟透了"因势利导"四个字。

谋略点评

纵观陈平的一生，可以发现他非常善于自我保护，也许这就是其人生观，即首先求得自我的存活。这也体现出陈平洞察世事的敏锐能力以及他高超的处世谋略。

政治的巅峰充满了辉煌，却也布满了险恶，稍有不慎，即可能坠入万劫不复之地，陈平无疑是政坛自保的高手。

如何运用权力，大有文章可做。根据实际需要和不同的利害情况，灵活地运用权力，便叫作"因利制权"。它所依据的是有利无利的原则。有利，则及时适当地加以运用，如陈平与周勃共除吕氏势力；无利，则暂时回避，以图东山再起、卷土重来，如陈平佯装放浪、痴愚。

陈平不仅能够顺势而为地合理利用权力，更能够在权力的倾轧下保全自己，不可谓不是一种大智慧。

谨慎淳厚，公孙弘官拜丞相

公孙弘年轻时，曾做过薛县的狱吏，因无学识，常发生过失，故犯罪免职。为此，他立志在麓台（今望留镇麓台村）读书。建元元年（公元前140年），汉武帝即位，下诏访求为人贤良通文学之人。当时，公孙弘年已六十，他以"贤良"去应征，被任命为博士。建元三年（公元前138年），皇帝派他出使匈奴，归来后他陈述的情况不合帝意，武帝认为他无能，再被免职。于是，公孙弘便在家赋闲。元光五年（公元前130年），信奉儒家学说的汉武帝征召天下有才能的读书人。年已七十多岁的公孙弘的策文被汉武帝欣赏，提名为对策第一。这次他荣幸地获得恩准，重新进入京都大门，就思量着要吸取上次教训，凡事必须保持低调些才好。

公孙弘由于晚年致力于学习，所以广见博识。平时，他善于辩论，通晓文书、法律，又能以儒家的学说对法律进行解释阐述，汉武帝非常赏识他。公孙弘常说："人主的毛病，一般在于器量不够宏大；而人臣的毛病，一般在于生活不够节俭。"于是，他在家中身体力行，"夜寝为布被"，"食一肉脱粟之饭"。后母去世，他视为亲生，服丧三年。在朝廷议事，他常提出要点，陈明情况，供皇帝自己取舍，从不固执己见和违逆圣意。汉武帝非常喜欢他这种驯良守礼之德，认为他品行敦厚，善于言辞，有文采，熟悉法令与各种公务，便升任他为左内史（京畿地方长官，掌治京师）。

公孙弘在任所奏朝事，都一一符合帝意，起因是他巧用心计。有一次，他和主爵都尉汲黯商议，为一事二人分别上奏。面见皇帝，他等汲黯上奏完后，摸清了汉武帝的意思，再决定自己的立场和态度，然后才上奏章。因此，他奏对之事深合帝意，所奏条陈也都被采纳。他这种表里不一、前后矛盾的做法，遭到一些王公大臣的非议。主爵都尉汲黯对他尤其反感。

有一次，汲黯当庭诘责公孙弘："齐人多诈而无情实，公孙弘一开始与臣等建此议，现在却又出尔反尔，是对君王不忠。"汉武帝随即问公孙弘，公孙弘回答说："了解臣的人肯定会认为臣是忠臣，只有不了解臣的人才会认为臣不忠。"皇帝听后，认为公孙弘说得有理，"益厚遇之"。元朔三年（公元前126年），皇帝任命公孙弘为御史大夫。

有一次，主爵都尉汲黯听说公孙弘生活节俭，晚上睡觉盖的是布被，便入宫向汉武帝进言说："公孙弘居于三公之位，俸禄这么多，但是他睡觉盖布被，这是假装节俭，这样做岂不是欺世盗名吗？"

汉武帝马上召见公孙弘，问他说："有没有盖布被之事？"公孙弘谢罪说："有此事。现在汲黯是九卿之中与臣最友好的朋友，然而他今日当廷责备我，这正好说中了我的要害。我位居三公而盖布被，诚然是用欺诈手段来沽名钓誉。臣听说管仲担任齐国宰相时，市租都归于国库，齐国由此而称霸；晏婴任齐景公的宰相时从来不吃肉，妾不穿丝帛做的衣服，齐国得到治理。今日臣虽然身居御史大夫之位，但睡觉却盖布被，这无非是说臣与小官吏没什么两样。怪不得汲黯颇有微议，说臣沽名钓誉。况且陛下若不遇到汲黯，还听不到这样的议论呢！"

汉武帝听公孙弘满口认错，更加觉得他是个凡事退让的谦谦君子，因此更加信任他。元狩五年（公元前118年），汉武帝免去薛泽的丞相之位，由公孙弘继任。汉朝通常都是列侯才能拜为丞相，而公孙弘却没有爵位，于是皇上又下诏封他为平津侯。

公孙弘当上丞相后，名噪一时。当时，汉武帝正想建功立业，多次征召贤良之士。公孙弘便在丞相府开办了各种客馆，开放东阁，迎接各地来的贤人。每次会见宾客，他都格外谦让恭敬。

有一次，他的老朋友高贺前来进谒，公孙弘接待了他，而且留他在丞相府邸住宿。不过每顿饭只有一种肉菜，饭也比较粗糙，睡觉只让他盖布被。高贺还以为公孙弘故意怠慢他，到侍者那里一打听，原来公孙弘自己的饮食、服饰同样如此简朴。公孙弘的俸禄很多，但由于许多宾客、朋友的衣食都仰仗于他，因此家里并没有多余的财产。

公孙弘活到八十岁，在丞相位上去世。之后，李蔡、严青翟、赵周、石庆、公孙贺、刘屈氂相继成为丞相。从李蔡到石庆，丞相府的客馆都形同虚设，到公孙贺、刘屈氂任丞相时，原来的客馆都被人误认为是马厩、车库了。这些人中只有石庆在丞相位上去世，其他人都被诛杀。

看来，公孙弘不肯廷争、取容当世也是一种不得已的处世方法。而他身居相位，能做到厉行节约、布被粗饭，也并不是一件容易的事。

谋略点评

公孙弘身行俭约，言行举止从不招摇，深得皇上的器重。他之所以能够在丞相的高位上有所作为，并善始善终，完全是因为他懂得圆融、善于藏拙。

由此可见，一个人在言行上趾高气扬、放荡不羁是处世的大忌，而谨慎、淳厚正好可以收敛自己的过分言行。为官者，一定要摒弃那种趾高气扬、盛气凌人、指手画脚的行为。

淡泊名利，王导雅量为社稷

王导是东晋的丞相，同时也是一位著名的政治家。王导在少年时代就很有识量，陈留高士张公曾对他的从兄王敦说："此儿容貌志气，将相之器也。"

西晋末年，中原经过"八王之乱"和"永嘉之祸"后，北方大片土地落入胡人之手。北方世家大族十之六七纷纷举家南迁，史称"衣冠渡江"。西晋灭亡后，王导主动出谋献策，联合南北士族，拥立司马睿为帝，是为晋元帝，建立东晋政权。王导历三朝为宰辅，保持了东晋的安定局面。

当时江南的顾、陆、朱、张、沈、周等地方士族，轻视避难南下的"伧父"（南人对北人的戏称）。司马睿因为是晋皇室疏属，声望不高，江南的一些大士族地主嫌他地位低，不怎么看得起他，也不来拜见他。为了这个，司马睿心里不踏实，要王导想个办法。

王导意识到这个问题的严重性，正好王敦来朝，王导对他说："琅琊王仁德虽厚，名威尚轻，你的威风已振，应该有所匡助。"于是安排在三月初三上巳那天，让司马睿肩舆出巡，王敦、王导以及北方名士骑马随从。隆重的仪仗，威严的行列，使南方士族体会到司马睿可能就是北方士族拥戴出来的江东之主。于是"江南之望"的顾荣、纪瞻等都很惊惧，相率拜于道左。

王导趁机对司马睿说："古来想要成王霸之业的，莫不礼敬故老，虚心求教，以招揽贤俊。何况当今天下变乱，大业草创，更加急需人才！顾荣、贺循是南方士族的首领，如果把这两人招来了，其余的人自然没有不来的。"司马睿命王导亲自去招揽顾、贺，二人应命来见，被分别任命为军司马和吴国内史。

司马睿有一次对顾荣说："寄人国土，时常怀惭。"顾荣跪说："王者以天下为家，殷商从耿迁亳，东周由镐及洛，古来如此，愿陛下勿以迁都为念。"从两人的问答语中可以窥知，双方已有某些合作的默契。从此，南方士族归附，成为东晋政权的一个构成部分。

王导又劝说司马睿把北方士族中有名望的人都纳收到王府来。司马睿在建康站稳了脚跟，心里十分感激王导。他对王导说："你真是我的萧何啊！"朝野上下也称呼他为'仲父'，可见其地位之高。但是王导并不居功自傲，而是忠于国事，不争名夺利，非常谦虚，这在他的行为中都有所表现。

晋元帝登基那天，王导和文武官员都进宫来朝见。晋元帝见到王导，从御座站了起来，把王导拉住，要他一起坐在御座上接受百官朝拜。这个意外的举动，使王导大为吃惊。他忙不迭推辞说："这怎么行，臣何德何能享有这样的荣耀呢？臣不敢与太阳争辉。"因而再三地拒绝。晋元帝不再勉强。但是他总认为他能够得到这个皇位，全靠王导、王敦兄弟的力量，所以对他们特别尊重。王家的子弟中，很多人都被封了重要官职。当时，民间流传着一句话，叫作"王与马共天下"，意思就是王氏同皇族司马氏共同掌握了东晋的大权。

南渡后的北方士人，虽一时安定下来，却经常心怀故国。每逢闲暇，他们便相约到城外长江边的新亭饮宴。名士周颛叹道："风景不殊，举目有江河之异。"在座众人感怀中原落入夷手，一时家国无望，纷纷落泪。为首的王导立时变色，厉声道："当共勠力王室，克复神州，何至作楚囚相对泣邪！"众人听王导这么说，十分惭愧，立即振作起来。王导为晋室忠心耿耿，其堂兄王敦有夺取政权的野心，在他的坚决反对和制止下，其阴谋没有得逞。

王导历仕元、明、成三帝。明帝死后，王导和庾亮同受遗诏，共辅幼主成帝。当时庾亮出镇于外，有人向王导进谗，以离间二人关系，说庾亮可能举兵内向，劝他密为之防。王导坦然说："吾与庾亮休戚与共，悠悠之谈，宜绝智者之口。则如庾亮若来，吾便角巾还第，复何惊哉！"可见王导淡泊名利，不计进退，宽和忍让，故能调和南北士族矛盾，基本上做到和睦共处，这对于稳定东晋的统治起到了重要作用。

谋略点评

只有不被名利所诱惑，凭借自己的力量埋头苦干，打下成功的基础，才能使未来的成功之路走得坚实可靠。同时，对待名利采取不争的态度，才能赢得他人的尊重，为自己争取荣誉，让自己处在有利位置。心怀宽广，有雅量，不争名利，对朋友诚心诚意，是一个人所必须拥有的处世准则之一。在现实生活中，一个人对待名利的态度也从侧面反映了他自身修养的完善程度。

年少轻狂，苏东坡被贬黄州

苏东坡年轻的时候，他仗着自己聪明，就颇有点恃才傲物、锋芒凌人的架势。

有一天，王安石与苏东坡在一起讨论王安石的著作《字说》。这本书把一个字从字面上解释成一种意思。

当他们讨论到"坡"字时，王安石说："'坡'字从土，从皮，'坡'就是土的皮。"

苏东坡笑道："这么说，'滑'字就是水的骨喽？"王安石又说："'鲵'字从鱼，从儿，合起来就是鱼儿。四匹马叫作'驷'，天虫写作'蚕'。古时候的人造字，是有它的含义的。"

苏东坡故意说："'鸠'字是九鸟，你知道其中的原因吗？"王安石不知道苏东坡是开玩笑，连忙虚心向他请教。苏东坡笑着说："《毛诗》说'鸠鸠在桑，其子七兮'，加上他们的爹妈，一共是九个。"

王安石一听，不说话了，心中暗暗觉得苏东坡虽然有才，但不免轻狂了些。

过了不久，苏东坡由翰林学士遭到贬谪，被皇帝派往湖州做刺史；三年期满，又回到京城。苏东坡在回来的路上便想：当年得罪了王安石，也不知他生气了没有，回去得马上拜访他。所以，他还来不及安好家，便骑马往王安石府上奔来。

苏东坡到王府门口，立刻被门前的一些听事的小官吏引入门房。守门官说："您在门房里稍稍坐一下，老爷正在睡觉，还没醒呢！"苏东坡点点头，便在门房内坐下了。

守门官走后，苏东坡一个人等得无聊，便四下打量起来，看到砚下有一叠整整齐齐的素笺，上面写着两句没有完成的诗，题着《咏菊》。他看了看笔迹，认得是王安石的，不由得笑了起来："士别三日当刮目相看。两年前我看他下笔几千言不用思索，两年后怎么江郎才尽，连两句诗都写不完了？"于是他取过诗稿念了一遍："西风昨夜过园林，吹落黄花满地金。"

念完之后他连连摇头："这两句诗都是胡说八道。"为什么呢？原来一年四季的风都有名称：春天为和风，夏天为薰风，秋天为金风，冬天为朔风。这首诗开头说"西风"，西方属金，这应该说的是秋季；可是第二句说的"黄花"正是菊花，它开于深秋，最能和寒风搏击，而且即便是焦干枯烂了，也不会凋落花瓣。所以说，"吹落黄花满地金"不是错误的吗？

苏东坡为自己发现了这个谬误而得意万分，兴之所至，他忍不住举笔蘸墨，依韵续了两句诗："秋花不比春花落，说与诗人仔细吟。"

写完他又觉得有些不妥，暗想：如果王安石出门款待我，见我这样当面抢白他，恐怕脸面上过不去；可是已经写了，把它藏起来吧，万一要是王安石出来寻诗不见，又要责怪他的家人。

想来想去，终于他还是把诗原样放好，自己走出门来对门子说："一会儿王老爷出堂，你便禀告他，说苏某在这里等候多时。只因初到京城，一些事没有办妥，明天再来拜见。"

过了不多久，王安石出堂，心内惦记着自己的一首菊花诗还没有写完，便径自往门房走来。坐定后，他一看诗稿，马上皱起眉头："刚才谁到过这里？"

下人们忙禀告："湖州府苏老爷曾来过。"王安石此时也从笔迹上认出了苏东坡的字，嘴里不说什么，心下却直犯嘀咕："这个苏轼，遭贬三年仍不改轻薄之性，不看看自己才疏学浅，敢来讥讽老夫！"但转念一想，"他不曾去过黄州，那里菊花落瓣，也难怪他不知道。"于是他细看了一下黄州府缺官名单，那里单缺一个团练副使。于是第二天他便奏明皇上，把苏东坡派到那里去了。

苏东坡也知道是自己改诗触怒了王安石，他在公报私仇呢，无奈之下，只得领命去了黄州。一日，苏轼无意间到花园看菊，一阵秋风吹过，菊花落了一地，苏轼这才知道，原来菊花真的是会落瓣的。

谋略点评

苏轼虽然才华横溢，但一生经历却非常坎坷，这跟他恃才傲物、锋芒毕露的性格有很大的关系。古人云："木秀于林，风必摧之。"这是自然界的规律，也是人性丛林的法则。一些才华横溢、锋芒毕露的人，虽然容易受到提拔重用，可是也容易遭人暗算。只有深谙韬光养晦之道，适时地收敛锋芒，才能在施展才华时躲过明枪暗箭，才能得到退一步后的海阔天空。人生就是这样，当你得意时，切不可趾高气扬，目空一切，适度地收敛起自己的锋芒，掩饰起你的才华，才能顺利地走好你的人生之路。

假痴不癫，朱棣佯疯守王位

明成祖朱棣精明干练，是太祖朱元璋的第四个儿子，朱元璋在世时，他被封为燕王，镇守北平。朱元璋年老时，由于长子朱标早死，便立朱标之子朱允炆为帝，即建文帝。

建文帝害怕他在各地当藩王的叔叔们不听他的，尤其是四叔朱棣，能征善战，一直也没把他这个侄子放在眼里。建文帝就找来两个亲信大臣黄子澄和齐泰商量，这两人给他出了个"削藩"的主意，就是把各个藩王的权力减小或者取消。建文帝采纳了他们的主意，先后找各种理由撤了五个藩王，其中湘王还被逼自杀了。接下来建文帝又开始抽调燕王朱棣的军队。这下朱棣有点着急了，因为军队被抽走后，他自己再有本事也没用了，建文帝很容易地就会把他也"削"掉。于是朱棣暗自留心，开始防范自己的这个侄子。

建文帝也知道朱棣对没有当上皇帝耿耿于怀，于是暗中派人监视朱棣的举动。不久，朱棣的护卫官倪谅到南京向建文帝告密，说朱棣的手下于谅和周锋等人谋反。建文帝于是下令将两人抓到南京斩首，并下诏责怪朱棣。

朱棣知道建文帝这是对他起杀心了，在建文帝的动作尚未展开的时候，他就开始装疯。先是让自己的手下们散布自己疯了的言论，在大街上学狗到处爬，他的谋士将麻糖捏成粪便状扔在地上，他捡起来就往嘴里塞，百姓们看了都觉得可惜。朱棣怕建文帝不相信自己真的疯了，在后来的很长一段时间内都在装疯卖癫的日子中度过。他经常在闹市中大叫奔跑，抢别人的酒食，口中胡言乱语，有时睡在地上整天不醒。建文帝派去监视他的人去看他，他在大热天围着火炉打战说："冷极了！"他在宫廷中还口中含煤到处游逛，见到他的人都认为他真的疯了。然而，天有不测风云。长史葛诚是建文帝的心腹，他向监视朱棣的张昺、谢贵告密说："燕王根本没有病，你们千万别懈怠。"于是当朱棣派人去朝廷办事时，兵部尚书齐泰逮捕了使者，使者供出了朱棣准备发动政变的消息。

齐泰马上下令逮捕朱棣手下的官员，让谢贵等人伺机杀掉朱棣，要葛诚等人做内应，并密令一直受朱棣信任的张信将朱棣活捉。

张信得到命令后犹豫再三，最后决定挽救朱棣，于是去燕王府告诉他真相。开始时，朱棣假装中风，不能说话，后来知道事情真相，才觉得非同小可，立刻向张信下拜说："是您救了我一家人啊！"

朱棣立即着手准备起兵。这时，削夺朱棣爵位、逮捕官员的命令传到，张昺、谢贵派兵包围了燕王府，准备抓人。

第二天，朱棣宣布病愈，让官员们前来朝贺。他设下伏兵，派人去请张昺、谢贵前来。等到所有人都到齐了，朱棣以掷瓜为号，伏兵冲出来逮捕了张昺、谢贵等人。朱棣站起来说："我哪里有病，全是你们这帮奸臣逼出来的！"然后下令将谢贵等人斩首示众。

接着朱棣打着"清君侧"的口号，以征讨齐泰等人为名，率大军直奔南京。

朱棣初起兵时，燕军只占据北平一隅之地，势小力弱，朝廷则在各方面都占据压倒性优势。所以战争初期，朝廷拟以优势兵力，分进合击，将燕军围歼于北平。朱棣采取内线作战，迅速攻取了北平以北的居庸关、怀柔、密云和以东的蓟州、遵化、永平等州县，扫平了北平的外围，排除了后顾之忧，便于从容对付朝廷的问罪之师。

在即位第四年的时候，建文帝终于不敌自己的皇叔，在混乱中不知所踪。朱棣随即登上皇帝的宝座。

谋略点评

装疯卖傻是常见的伪装手段之一，也最容易掩人耳目。朱棣能做到满大街打滚、在大热天烤火并浑身发抖，可见是十分具有表演天赋的。且不管朱棣这个人怎么样，单单他这一韬光养晦、伺机而起的谋略就足以让人佩服。

知足为诫，张廷玉代子谦让

张廷玉是清朝有名的重臣，雍正初晋升为大学士，后兼任军机大臣。张廷玉虽然身居高位，却从来不为自己的家人子女牟取私利。他秉承其父张英的教诲，要求子女们以"知足为诫"，其代子谦让一事即为突出的例子。

张廷玉的长子张若霭在经过乡试、会试之后，于雍正十一年三月参加了殿试。诸大臣阅卷后，将密封的试卷进呈雍正帝御览定夺。雍正帝在阅至第五本时，立即被那端正的字体所吸引，再看策内论"公忠体国"一条，有"善则相劝，过则相规，无诈无虞，必诚必信，则同官一体也，内外亦一体也"数语，更使他精神为之一振。

雍正帝认为此论言辞恳切，"颇得古大臣之风"，于是将这个考生拔至一甲第三名，即探花。拆开卷子，才知道这个人是大学士张廷玉之子张若霭。雍正帝十分欣慰，他说："大臣子弟能知忠君爱国之心，异日必能为国家抒诚宣力。大学士张廷玉立朝数十年，清忠和厚，始终不渝。张廷玉朝夕在朕左右，勤劳翊赞，时时以尧舜期朕，朕亦以皋、夔期之。张若霭秉承家教，兼之世德所钟，故能若此。"并指出，此事"非独家瑞，亦国之庆也"。为了让张廷玉尽快得到这个喜讯，雍正帝立即派人告知了张廷玉。

自从科举制度兴起之后，"金榜题名"便成了读书应试者奋斗的目标。按照常理，得到儿子考中一甲的喜讯，作为父亲没有不为之高兴的。然而，张廷玉却不然。他想的是自己的儿子还年轻，一举成名并非好事，应该让儿子继续努力奋进。于是，他没有将喜讯通知家人，而是做了另一种安排。

很快，张廷玉进宫要求面见雍正帝。获准进殿后，他恳切地向雍正帝表示，自己身为朝廷大臣，儿子又登一甲第三名，实有不妥。没容张廷玉多讲，雍正帝即说："朕实出至公，非以大臣之子而有意甄拔。"张廷玉听罢，再三恳辞，他说："天下人才众多，三年大比，莫不望为鼎甲。臣蒙恩现居官府，而犬子张若霭登一甲三名，占寒士之先，于心实有不安。倘蒙皇恩，名列二甲，已为荣幸。"

按照清代的科举制度，殿试后按三甲取士，一甲只有三人，即状元、榜眼、探花，称进士及第；二甲若干人，称进士出身；三甲若干人，称同进士出身。凡选中一、二、三甲者，可统称为进士，但是一、二、三甲的待遇是不同的。一甲三人可立即授官，成为翰林院的修撰或编修，这是将来高升的重要台阶；而二、三甲则需选庶吉士，数年后方能授官。也有二、三甲立即授官者，但只是做州县等官。张廷玉是深知一、二甲这一差别的，但是为了给儿子留个上进的机会，他还是提出了改为二甲的请求。

雍正帝以为张廷玉只是一般的谦让，便对他说："伊家忠尽积德，有此佳子弟，中一鼎甲，亦人所共服，何必逊让？"张廷玉见雍正帝没有接受自己的意见，于是跪在皇帝面前，再次恳求："皇上至公，以臣子一日之长，蒙拔鼎甲，使臣家已备沐恩荣。臣愿让与天下寒士，求皇上怜臣愚忠。若君恩祖德，保佑臣子，留其福分，以为将来上进之阶，更为美事。"张廷玉"陈奏之时，情词恳至"，雍正帝"不得不勉从其请"，将张若霭改为二甲一名。不久，在张榜的同时，雍正帝为此事特颁谕旨，表彰张廷玉代子谦让的美德，并让普天下之士子共知之。

张若霭十分理解父亲的做法，而且不负父亲的厚望，在学业上不断进取，后来在南书房、军机处任职时，尽职尽责，颇有其父之风。

谋略点评

张廷玉代子谦让，不仅是为了给儿子留个上进的机会，更重要的是谦让是一种有效的自我保护策略。一个懂得谦逊的人是一个真正懂得积蓄力量的人，谦逊能够避免给别人造成太张扬的印象，这样才有利于韬光养晦，积累力量，免受祸患。

灵舌急智

——说辩谋略

有时候，一个说客的力量可以胜过百万大军，一句巧言的力量更能胜过世间最锋利的刀剑。灵舌巧辩历来被当作智慧的象征。中国历史上有很多闻名于天下的雄辩家，他们谈起话来旁征博引、出口成章，他们的佳话流传至今。我们可以通过一个个精彩绝伦的雄辩故事，学习他们高深的智谋，让自己也成为一个说辩高手。

巧妙应对，知䓨温言拒楚王

公元前597年，楚国发兵攻打郑国，晋国则去援救郑国，于是晋楚两国在泌一带交战。在两军混战中，晋国大夫知䓨被楚军活捉。他的父亲荀首率领部下返身来救，但没有成功，只杀了楚国的连尹襄老，射伤了楚国公子，并将襄老的尸体和受伤的楚公子带回晋军军营。

九年后，晋国向楚国提出用楚公子和襄老的遗骨交换回知䓨，楚国同意了。在送知䓨回国的时候，楚王问他："你囚居在楚国多年，是不是怨恨我？"知䓨回答说："两国交战，是我自己无能，不胜其任，以致做了俘虏。大王不杀死我，让我回国接受惩处，这是大王对我的恩惠，我怎么能怨恨大王呢？"

楚王又问："这么说你应该感激寡人的恩德了？"

知䓨说："晋、楚两国都为自己的国家考虑，以免除老百姓的苦难，并意识到以前交战是一时之愤。现在两国相互谅解了，通过交换俘虏来表示两国和好的诚意。这和我个人并不相干，我没必要感激谁。"

楚王本来想让知䓨感激自己，好提出进一步的要求，没想到知䓨却这样回答。但他仍进一步追问："你回国后，用什么来报答我呢？"

知䓨说："我不曾有怨于大王，大王也不曾有德于我，无怨无德，不知道报答什么。"

楚王仍然不肯善罢甘休，继续追问："虽然这么说，你也一定要告诉我些什么吧？"

知䓨镇静地说："托大王的福气，让我回到晋国。假使我的国君将我杀掉，我到死也不会忘记您对我的好处；如果托大王的福气，国君免我一死，把我交给父亲，父亲若家法将我处死，我至死也不会忘记大王的恩惠；

如果父亲免我不死，仍让我继续担任晋军的首领职务，那么在防守边疆时，遇到楚国的将帅，我也不敢回避，我一定为晋国尽到臣子的职责。我准备用这种做法来报答大王。"

楚王听了颇有感慨，叹息道："今后不能再与晋国交战了。"于是，为知䓨举行了隆重的仪式，送他回到晋国。

谋略点评

两国交兵，必然会有外交上的交锋。一个聪明的外交家懂得在特定的场合，对于敏感问题采取明智对策。比如知䓨，对于楚王紧追不舍的逼问，他采取以退为进的策略，巧妙应对，不卑不亢，温言相拒。他先责备自己无能，如果能被放回，只有感恩。当被问如何感恩时，他又回避正面回答，只说一切皆是国事，与个人无关，以自己不知应该感激谁为借口来避免回答一些敏感的话题，终使楚王想利用他为己效力的阴谋没有得逞。

柔中带刚，吕甥献妙言救君王

春秋时期，晋惠公靠着秦穆公的帮助当上了国君。当初他曾经许诺，即位后把晋国黄河以西之地割让给秦国，又派人给里克送信许愿，说只要回国做了国君，就把汾阳之邑封给里克。但他回国后就反悔了，没有兑现自己的诺言。

秦穆公十三年（公元前647年），晋国发生饥荒，请求秦国卖给晋国一些粮食。秦穆公听从了百里奚的建议，暂不计较晋惠公悔约的前嫌，派了大量的船只运载粮食，由秦都雍（今陕西凤翔南）至晋都绛，沿渭河入黄河转汾河再转浍河。运粮的船络绎不绝，称为"泛舟之役"。第二年，秦国发生灾荒，也请求晋国给一些粮食。晋惠公听从一些大臣的意见，没有给秦国运粮。为这两件事，秦穆公非常恼火。晋惠公六年（公元前645年），秦国渡过灾荒，秦穆公率兵大举伐晋。晋惠公整军抵御，因他的所作所为不合情理、不得人心，君臣不和，士气不振。两军战于韩原，晋军大败，惠公被俘。秦穆公对晋惠公的怨恨难以平息，准备把他杀了祭祀上天。多亏穆公夫人是晋惠公之姊，以自焚要挟穆公，秦穆公才答应和晋国讲和。于是，晋惠公派人从国内招来吕甥与秦国谈判讲和。

吕甥意识到，在战场上晋国已经失利，晋国的国君又在秦国手中，他的每一句话都将关系到国君的安危和晋国的前途，面临的是一场举足轻重的外交斗争。

秦穆公在王城会见了吕甥。主宾坐定后，秦穆公问道："晋国人近来团结吗？""不团结！"吕甥干脆利落地做出了令秦穆公想不到的回答。

秦穆公本急于摸对方的底，以寻找进一步挑起事端的可乘之机，没想到吕甥一下就把晋国的缺点给和盘端了出来。

秦穆公不由得问:"为什么呢?"

吕甥答道:"晋国那些小人不考虑国君的罪过,只悼念在韩原之战中死去的父兄子弟。他们不怕征税、修武来拥立子圉为新君,说:'一定要报秦之仇。我们宁可事奉齐国和楚国,让齐国和楚国共同援助我们。'那些有见识的君子虽思念自己的国君,但也知道他的罪过,说:'一定要侍奉秦国,就是死也不能存二心。'因此,晋国人不团结。"

秦穆公听了很生气,但又无可奈何,便问他:"你们国内对国君的命运有些什么看法?"

吕甥自然明白秦穆公转移话题的目的是试探晋国内部对晋惠公的态度,以便度量自己手中这个筹码的分量,为勒索提供依据。吕甥深知,接下来秦穆公就会提出放还晋惠公的条件了。因此他要先堵住秦穆公的嘴,引导他做出被动选择。因而吕甥说道:"小人们不知事理,只知忧愁,说国君免不了被害;君子们用自己宽恕的心思推测别人,认为国君一定会被放回来。小人们说:'我们对秦国太狠毒了,秦国怎么会放回我们的国君呢?'君子们则说:'我们已经认罪了,秦国肯定会放回我们的国君。背叛时就把他抓起来,臣服时就释放他,恩德没有比这样做更深厚了,刑罚没有比这样做更有威力了。假如过去帮助他做国君,现在又不使他的国家安定;废除了君位,又不立即使他恢复,这样就会把原来所施的恩德变成仇恨,秦国恐怕是不会这样做的。'"

秦穆公权衡利弊后只好说:"这正是我的本意呀!"于是立即释放了晋惠公。

谋略点评

说话时柔中带刚，也是一种语言上的艺术。吕甥正是先借小人的态度，表达了晋国不畏强秦誓报国仇的决心；又借君子的态度，表达了晋国已知错臣服，对秦穆公放回晋惠公充满着期待。表面上看，吕甥的回答极其谦恭和奉迎，实际上柔中有刚。他先把小人贬低，再把君子捧高，将秦穆公逼到了在当小人还是当君子之间做出抉择，将秦穆公置于只能有一个选择的境地。他还说得振振有词、惟妙惟肖，可谓软硬兼施、柔中带刚、不卑不亢。这样一来，秦穆公还没有来得及提出勒索条件，就已被引导到吕甥所希望的处理途径上。秦穆公被吕甥逼得只能做君子，于是不得不释放了晋惠公。吕甥在此次"国际事件交涉"中所表现出的大智慧，千百年来一直为史家所称道。

归谬巧辩，蔡厨师洗脱冤屈

春秋时期，晋文公重耳在国外流亡了十九年，受尽了各种磨难。他回国当上国君以后，自然尽情享受了一番，吃穿住行无不要求排场和气派。后来他什么珍馐美味都吃过了，但最爱吃的却是烤肉。

有一次，晋文公点明要吃烤肉。但当烤肉端上桌时，晋文公却发现有一根长长的头发缠绕在肉上，不禁大怒。于是，他唤来做烤肉的蔡厨师问罪。

晋文公的侍从对蔡厨师说："烤肉上边有一根头发，这是你对主公的大不敬。你如此失职，该当何罪？"

蔡厨师看了看盘里的烤肉，知道有人故意缠上头发来陷害他。他知道自己只是一个地位低下的厨师，在君王面前是没有申辩权利的。但如果不将冤屈辩明，自己的小命就只得白白地丢掉了。聪明的蔡厨师连忙跪倒在晋文公面前认罪。

他说道："臣有罪，臣该死！臣的罪有三条：臣在厨房切肉的刀快得像宝剑那样锋利，但是能割下肉却不能割断头发，这是我的第一条罪状；烤肉的时候，臣用铁锥将肉串起来不停地反复翻动，却没有发现有这么长的一根头发缠在上面，这是我的第二条罪状；熊熊的炉火把肉都烤熟了，然而头发竟没有被烧焦，这是我的第三条罪状。有了这样三条罪状，我就死罪难免了。在贤明的国君面前我没有什么可以申辩的，请君主治我的罪。"

晋文公听了这一番话，就明白了这是蔡厨师的申辩，也知道这是有人故意这样做的，目的是戏弄国君或陷害厨师。于是，他下令把侍候进膳的侍从找来审问，结果真是他干的。晋文公大怒，立即下令处死了这个侍从，蔡厨师则免除了杀身之祸。

谋略点评

蔡厨师利用归谬法，为自己弄了个绝妙的自我辩白。他把自己不小心致使烤肉上有头发作为推理的前提，得出三条自相矛盾的推理，从而让晋文公心中明白头发不是在烤肉的制作过程中留下的，因而这一切都不是自己的责任，终于为自己洗清了罪名。

归谬法是人们在某些辩论中经常利用的，它能让一些伪真理问题在简单的推理下现出原形。但运用归谬法需要保持清晰的思路，并有充足的知识储备做后盾。

攻击要害，展喜巧言退齐军

春秋时期，齐孝公想要继承齐桓公的霸业，便准备侵略他国以扩张领土。公元前634年，鲁国和莒国在洮地结盟，齐孝公便拿这作为借口攻打鲁国西部边境。

鲁僖公得到齐军将要攻击的消息，派了大夫展喜带着酒肉粮帛等去慰劳齐军。此举虽名为慰劳，实际是让展喜说服齐孝公退兵。

展喜知道齐孝公之所以要攻打鲁国，目的在于继承齐桓公的霸业。而齐桓公之所以能够称霸诸侯，在武力征服的同时，总是打着"尊王"的旗号，即以尊重周王室为号召。所以，如果以周朝先王之命去说服齐孝公，定能成功。

展喜受命后，乘齐师没有进入鲁国边境的时候，先一步迎上齐师，很客气地向齐孝公说："我们的国君听说君王您亲自移贵步，将要到鄙国屈辱您的贵体，派在下来犒赏您的部下。"

齐孝公却以挑衅的口吻问展喜："听说齐军压境，鲁国害怕了吗？"

展喜说："那些没见识的人确实害怕了，可有识之士并不害怕。"

齐孝公说："你们鲁国穷得室内四壁皆空，粮食告罄，四野里连根青草都没有，凭什么不害怕？"

展喜回答说："我们倚仗的是周朝先王的命令。从前我祖周公和贵国的太公二人共同辅佐武王灭纣，后来又共同辅佐周成王，功勋卓著。太公被封为齐侯，周公的长子被封为鲁侯。成王慰劳他们，特赐齐鲁两国结盟。盟约中写道：'世世代代，子子孙孙都不要互相侵害。'这个盟约至今还保存着，由太史所掌管。由于有这样的历史渊源，齐桓公称霸时曾经纠合诸侯来帮助他们解决彼此的分歧，弥合他们之间的裂痕，从而将他们从战争的灾难中拯救出来。齐桓公这样做，是为了表明他正在履行自太公开始的辅佐周王室的固有职责。您即位之后，诸侯都满怀希望说：'他一定能继承桓公的功绩，与各国和睦相处。'我们鲁国人也认为用不着聚集军队来防守东面的边境了。"

展喜见齐孝公在认真地听，就接着说："因此，您这次驾临，鲁国并不认为您这是来攻打我国。大家都说，难道他即位刚刚九年，就会抛弃周朝先王的遗命，就会废弃齐国固有的职责？如果这样，怎么对得住齐国的先君太公和桓公呢？我和鲁国其他人一样，认为您一定不会这样做的。我国的有识之士正是因为这一点而不感到害怕。"

展喜的这番话软中有硬、无懈可击。齐孝公只得说："说得太好了。您回去传话给鲁侯，愿从此以后两国不断增进友好关系，不再彼此加兵。"

展喜见目的达成，就高兴地回去禀报了鲁僖公，而齐孝公也很快就班师回临淄了。

谋略点评

与战场上看得见的刀光剑影相比，谈判桌上则是更加隐秘、更加凶险。在谈判桌上，只有抓住对方的要害，攻击对方的弱点，才是让对方就范的好方法。齐军大兵压境，展喜凭着自己出色的口才就避免了两国间的战争，其关键也在于他善于利用对方的心理弱点，能抓住齐孝公表面上还不得不尊重周王室这一要害。只要巧妙地运用"攻心"策略，就能达到自己的目的。

巧驳妄言，姚贾以辩才扳倒韩非

战国末年，楚、燕、赵、齐、魏、韩等国结盟欲联合攻打秦国，秦国君臣束手无策。有个叫姚贾的臣子自动请缨出使这些国家，要破坏其盟约，阻止其大军来犯。

姚贾在外出访了四年，得以"绝六国之谋，止六国之兵"，成果显著。后来他回到秦国，秦王十分高兴，赏赐了他千户封地，并封他为上卿。

但韩非认为姚贾这人有品格上的缺陷，并且背叛过自己的国家，便在秦王面前诋毁姚贾说："姚贾带着珍宝，南使荆、吴，北使燕、代，出访三年，并未完成秦国与四国结盟的使命，国家的珍宝却被他用光了。这是姚贾利用大王的权势、国家的宝物，在外国为自己结交诸侯，希望大王仔细考察这件事。再说姚贾是梁国看门者的儿子，他曾在梁国为盗，也做过赵臣，但结果被驱逐。我们任用世代看门者的后代、梁国的盗贼、赵国的逐臣为使者和高官，恐怕不是明智的做法。"

秦王招来姚贾质问。秦王说："你是梁国看门人的儿子、梁国的盗贼、赵国的逐臣吗？"

姚贾回答说："昔日的姜太公是被老妻驱逐的人，是在朝歌卖肉卖不出去的屠夫，是被子良斥逐的家臣，是棘津无人雇用的佣工，可是周文王任用他为相却统一了天下；管仲是齐国边境的商贾，是南阳被埋没的贫贱之士，是鲁国被赦免的囚徒，可是齐桓公任用他为相却成了霸主；百里奚是虞国的乞讨者，屡次以五张羊皮被人转卖，可是秦穆公任他为相却使西戎各国来朝；晋文公能够任用中山之盗，终于在城濮大获全胜。这四位贤士，都曾遭受侮辱，大受诽谤，而贤明的君主之所以任用他们，是深知依靠他们可以建立丰功伟业。假使他们像品德高尚的卞随、务光、申屠狄等隐士那样行事，四位贤士怎么能发挥他们的才干呢？所以，贤明的君主不挑剔别人的污点，不在乎任用的人是否被人非难，只看他是不是能为自己所用。只要他能安邦定国，即使有外人诽谤，他也不盲从；否则，即使他名高一世，却不能建尺寸之功，就一律不加赏赐。这样，群臣就没有谁敢以虚名来妄求君主的奖赏了。"

秦王被姚贾的一番话说得心服口服，于是照旧任用姚贾。

谋略点评

自己的人生要靠自己去改变，不能因出身贫贱就觉得自卑。姚贾虽然出身卑微，但他心中并没有为此感到自卑，而是凭借自身的才能得到了秦王的重用，可以说在心理上他是个真正的强者。他列举了姜太公、管仲、百里奚、中山之盗四个成功人物的例子，向秦王表明：即使出身卑贱，只要有才能，一样能受到明君的赏识，做出一番大贡献。姚贾也正是凭借着这种自信与智慧，成功说服了秦王，从而免除了杀身之祸。

颜率之辩，重于九鼎之宝

战国时期，秦国兵临城下威胁东周，而且向东周君索要九鼎。九鼎，传说为大禹所铸，是王权的象征。传国之宝，怎能轻易给别人？周赧王为此很发愁，大臣颜率说："君王不必忧虑，可由臣往东去齐国借兵求救。"周赧王便派他去办这件事。

颜率到了齐国，对齐宣王说："如今秦王暴虐无道，兴强暴之师，兵临城下威胁周君，还索要九鼎。我东周君臣在宫廷内寻思对策，最终一致认为：与其把九鼎送给暴秦，实在不如送给贵国。挽救面临危亡的国家必定美名传扬，赢得天下人的认同和赞誉；如果能得到九鼎这样的国之珍宝，也确实是贵国的大幸。但愿大王能努力争取！"齐王一听非常高兴，立刻决定发兵五万去救周王室。秦兵一看齐国势大，便撤兵回国了。

事后，齐国向东周讨取九鼎，周赧王又为这事发愁。颜率对周赧王说："大王不要忧虑，请让我东去齐国解决这个问题。"

颜率到了齐国，对齐宣王说："东周幸亏贵国仗义，君臣父子才能得到保全，所以心甘情愿献出九鼎。但是不知道贵国要从哪条路将九鼎运到齐国来？"

齐宣王说："这你就不用操心了，我将从魏国借道。"

颜率说："不行！魏国君臣早想得到九鼎。他们在晖台之下、沙海之上策划好些日子了，九鼎一旦进入魏国，肯定出不来。"

齐宣王又说："我就向楚国借道吧！"

颜率说："也不行！楚国君臣也想得到九鼎，他们打了好长时间的主意。如果九鼎入楚，也一定出不来！"

齐宣王没辙了，只好求教颜率："我到底从哪条路才能把九鼎运到齐国来呢?"

颜率说:"敝朝也为这件事替大王犯愁呢。那九鼎不是醋瓶酱罐,可以怀里藏着、手里提着拿到齐国来;又不像鸟集雀飞、兔跃马奔,哗地一下子就到了齐国。从前周武王伐纣得了九鼎,一只鼎用九万人拉,九九八十一万人。还需大量运输工具,费了九牛二虎之力,才运到了周朝的都城。现在大王就是有这么多的军士役夫,准备了那么多器械用具,又能从哪条路把鼎运出来呢?臣私下里真为大王担忧。"

齐宣王说:"贤卿屡次来我齐国,说来说去还是不想把九鼎给寡人呀!"

颜率说:"臣怎敢欺骗贵国呢?只要大王能赶快决定从哪条路搬运,我东周君臣可迁移九鼎听候命令。"

齐宣王实在想不出有哪条路可运九鼎,此事也只好作罢了。

颜率以自己的聪明才智,不但退了秦兵,又不得罪齐国,保全了九鼎。

谋略点评

"三寸之舌,强于百万雄兵;一人之辩,重于九鼎之宝。"此话的出处就在《战国策》开首的此篇。战国时代风云激荡、群雄逐鹿、弱肉强食,作为日渐衰落的东周的重臣,颜率为应对国难,运用自己的智慧和口才、三言两语、轻轻松松就挽救了一个国家的尊严和利益。颜率刚开始就已谋划好了怎样收场,用夸张、铺陈的语言,渲染运九鼎之难,语言的堆砌起了强大的心理作用,使人望而生畏。他的成功在于对人性心理的深刻把握和对游说技能的熟练驾驭。

为己巧辩，陈平赢得刘邦信任

秦朝灭亡后楚汉相争，项羽手下的都尉陈平经汉将魏无知推荐，投奔刘邦，两人纵论天下大事，十分投机。刘邦见他处事干练，是个可用之才，仍以都尉的官职任用他，并让他做自己的骖乘，负责主持调解诸将关系的工作。这一下引起了将领们的不满，他们愤愤不平说："我们的大王只要有楚方的人来投奔，不管阿猫阿狗，就委以重任。现在竟然让这小子来指手画脚支派我们，真是令人气愤。"

刘邦的亲信将领周勃等人也向刘邦打"小报告"说："我听说陈平这个人在家时曾经勾搭自己的嫂子，起兵以来又先后投奔过两个主人。现在，大王刚命令他节制诸将，他就公开收受贿赂，钱给得多的就派给轻松的事务，钱给得少的就把苦差事安排给他。这种反复无常的小人，大王在任用时应该慎重啊！"

刘邦也觉得陈平有些事做得很不对，便找来明白底细的魏无知商量。魏无知说："大王当初任用他，是着眼于他的才干，而众人所说的，是他的德行。当今正处于乱世，使用人才应着眼于他的长处，不应求全责备。不然的话，大王即使任用像尾生、孝已那样的有德之士，对大王的事业也毫无帮助；反之，如果有建功立业的本领，即使盗嫂受贿又有什么关系呢？"

刘邦还不放心，当面召陈平来质问道："听说你原来是帮助魏王的，后来离开魏王去帮助楚王，现在又来帮助我。这怎么不让别人怀疑你的信义呢？"并问他收受贿赂之事究竟有没有。

陈平不紧不慢地回答道："同样一件有用的东西，在不同的人手里作用就不同了。我侍奉魏王，魏王不能用我，我离开他去帮助楚王，楚王也不信任我，所以我才来归附大王。我虽然还是我，但用我的人可不一样了。我久慕大王善用人，所以才不远千里来投奔大王。我什么也没带来到这儿，所以什么都没有，才接受了人家的礼物。没有钱，我就生活不了，也就办不了事。如果大王听信谗言，不起用我，那么我收下的那些礼物还没有动用，可以全部交出来。请大王给我一条生路，让我辞职回家，老死故乡。"

刘邦的疑虑顿消，对陈平好感倍增，并重重地赏赐一番，提升他为护军中尉，专门监督诸将。此后，陈平为刘邦"六出奇计"夺取天下，成为西汉安邦定国的著名谋臣。

谋略点评

人们在犯了错误后，应当勇于承认错误。陈平在为自己辩解时就是这么做的，最终也使刘邦更加地相信自己。

魏无知为陈平辩护的话也有可取之处。他直接指出陈平的缺点和长处，点明刘邦需要的是陈平的才干，而缺点对完成霸业并无太大损害，最终使刘邦明白了陈平的长处是大于缺点的。所以我们在为人辩护时也要注意弥补别人的缺点，当缺点过于明显时，从正面辩护会遇到很大困难，不妨承认缺点突出优点，直接追求最终目的，就能取得成功。

巧言激将，鲁肃说服孙权抗曹

东汉建安十三年（公元208年），曹操率领大军进攻荆州。荆州地大物博、人口众多，又是联结中原、巴蜀、东吴、南粤的枢纽，地理位置十分重要，历来为兵家必争之地。

荆州牧刘表死后，他的两个儿子争权夺利，军队中的将领也不和睦。寄住在那里的刘备虽胸怀大志，但不被重用，真是英雄无用武之地。面对曹操大军压境，此时的荆州不堪一击。如果曹操占领了荆州，他就可以东伐孙权，西取巴蜀，南攻五岭，这种局面对东吴极其不利。孙权为此忧心忡忡，日夜不安，急忙召开军事会议，讨论对付曹操的计策。

面对曹操大军，东吴上下人心惶惶，将领们都劝孙权投降曹操，只有鲁肃一言不发。孙权便问鲁肃有何看法。其实鲁肃想劝孙权抵抗曹操，但又不知孙权的真实意图是什么，于是故意说："曹操确实是一个劲敌，最近他又消灭了袁绍，实力就更强大了。现在他凭着刚战胜袁绍的威势，攻打混乱的荆州就像以石击卵一样。荆州一定会被他占领，不过时间早晚而已。依我看，您不如派兵去帮助他，把家属全都送到曹操的老窝邺城去。如果您不这样去做，那就危在旦夕了！"

鲁肃用的这个激将法，果然立竿见影。孙权认为鲁肃的话不仅与自己的内心想法背道而驰，而且显然是在讽刺挖苦自己，不禁勃然大怒，拔剑要杀鲁肃。

鲁肃见状，弄清了孙权的真实意图，便十分坦然地说道："我也是主张抵抗曹操的。现在事情已经到了这等紧急关头，您就不要再优柔寡断了。荆州与我国邻接，地理形势险要，土地肥沃、广阔，人口繁多，生活富裕，如能占为己有，这是开创帝王之业的凭借。现在刘表刚死，他的两个儿子刘琦、刘琮又不和，军队中的那些将领，有的拥戴刘琦，有的拥戴刘琮。刘备是天下骁悍的雄杰，与曹操有仇，寄居在刘表那里，刘表妒忌他的才能而不重用他。如果刘备和刘表的部下们同心协力、上下一致，就应当安慰他们，与他们结盟友好；如果他们离心离德，就另做打算，以成就我们的大事。请让我去慰问刘表的两个儿子，同时慰劳军中掌权的人物，并劝说刘备安抚刘表的部下，同心一意，共同对付曹操，刘备必定高兴而听从我们的意见。如果这件事能够成功，天下大势可以决定了。现在不赶快前去，恐怕就被曹操占了先。您杀死我倒没有什么关系，不过这对您的大事又有什么好处呢？"

孙权听了鲁肃这番话大喜过望，即刻派鲁肃前往。在鲁肃和诸葛亮的努力下，孙刘结成联盟，共同抵抗曹操，后在赤壁大败曹军。

谋略点评

激将法能更好地使对方明了利害关系，激起对方的自尊心，因此，在许多时候，正面劝说的效果反而不如激将法显著。

孙权召开军事会议询问群臣的意见，其实只是想试探一下大家的态度。鲁肃巧妙地采用激将法，不仅试探出孙权的真实想法，而且进一步坚定了孙权抵御曹操的信心，激起了他的斗志，终使"联刘抗曹"的主张被顺利采纳。

舌绽莲花，诸葛恪应对机智得赏识

三国时期，诸葛亮的侄子、诸葛瑾的儿子诸葛恪，自小才思敏捷、应对迅速，在与人交谈或辩论时，常常能说出一些机警巧妙的话。一次朝廷聚会，孙权问诸葛恪："你的父亲与你的叔父相比，哪一个更贤明？"

当时诸葛恪的父亲诸葛瑾在吴国任大将军，他的叔父诸葛亮是蜀国丞相，大家都知道后者贤于前者。孙权的这个问题使诸葛恪陷入两难境地：照实回答会当众使自己父亲难堪，违背事实众人就会认为自己不诚实。

谁知诸葛恪却不假思索地回答："我的父亲贤明。"众人吃惊地看着他。于是他接着说："我的父亲知道侍奉英明的君主，而我的叔父却不知道。"这样的回答不仅使他摆脱了两难境地，并且巧妙地赞扬了孙权，使孙权大为高兴。

接着，孙权又叫诸葛恪向大家劝酒。因为张昭德高望重，地位又高，所以诸葛恪首先向他劝酒。但是，张昭已有几分酒意了，就不肯再饮酒，他以自己年老为理由，推辞说："劝老年人多喝酒，不符合尊老的礼节啊！"

孙权见到这种情形，就对诸葛恪说："如果你能说得张公哑口无言，那他就非得喝下这杯酒不可。"

诸葛恪针对张昭说自己年老，反驳他道："当年的姜太公已经九十岁了，还亲临战场指挥军队作战，从不说自己年老。现在，行军作战时陛下让您在后方，一旦有酒席宴会，陛下就请您坐在前面，您怎么能说是不符合尊敬老人的礼节呢？"张昭被驳得无话可说，只得喝了那杯酒。

还有一次，在招待蜀国使臣的宴会上，孙权对蜀使说："诸葛恪非常喜欢骏马，请你回去后告诉丞相，替他搜寻搜寻。"诸葛恪一听，立即走下座席，向孙权叩头谢恩。

孙权觉得很奇怪，就问他："马还没有到，你为什么就谢恩呢？"

诸葛恪回答说："蜀国是陛下在外面的马棚，既然您下达命令，那么骏马是一定会送到的，我怎么能不谢恩呢？"诸葛恪再一次赞扬了孙权，使孙权非常欢喜。

谋略点评

如果对方提出的问题十分尖锐，在回答时，首先应善于用机智对答转嫁危机，使自己摆脱困境，同时也得到别人的认可，这样既展示了自己的才学，也能得到别人的赏识。文中诸葛恪就是依靠自己的幽默机智摆脱了孙权对他的刁难，并赢得了他的赞赏。不管是巧妙地转嫁自己的危机，还是抓住机会讨得君王的赏识，诸葛恪对时机的把握可以说恰到好处。

唇枪舌剑，诸葛亮阵前骂死王朗

三国后期，蜀汉丞相诸葛亮兵出祁山北伐曹魏，魏主曹睿派大将军曹真迎战。双方交战之前，魏军军师王朗对曹真夸口说："来日阵前，老夫只需用一席话，保证让那诸葛亮拱手来降。"

当时两方军队在祁山下排列成阵势。三通战鼓以后，王朗骑马从阵中跑出，魏兵大叫："请对阵主将答话！"只见蜀兵战旗开处，从中推出一辆四轮车，车上端坐一人，羽扇纶巾，正是丞相诸葛亮。

王朗拍马走近，拱手施礼道："来者可是诸葛孔明？"诸葛亮："正是！"

王朗在马上欠身答礼，朗曰："久闻公之大名，今日有幸相会。公既知天命、识时务，为何要兴无名之师，犯我疆界？"

诸葛亮答道："我奉皇帝诏命讨伐叛贼，怎么是师出无名呢？"

王朗说："天数有变，神器更易，而归有德之人，此乃自然之理也。"诸葛亮说道："曹贼篡汉，霸占中原，何称有德之人？"

王朗说道："自从汉桓帝、汉灵帝以来，天下大乱。黄巾军起义纵横中原，张邈在陈留造反，袁术在寿春建国号，袁绍在邺城称王，刘表占据荆州，吕布想吞并天下，国家危急，百姓遭难。是我太祖武皇帝曹操扫平天下、席卷全国，八方百姓一心归顺，并非依仗权势取得。实在是上天的眷顾。魏文帝有文武全才，效法舜受禅于尧，取代汉献帝继承皇位，这难道不是上合天意、下顺民心吗？今先生有才学、怀大志，常自比管仲、乐毅，为何不仿效伊尹、周公，反而故意逆天理、背人情而行事呢？难道你没听说过'顺天者昌，逆天者亡'吗？如今我魏国有大军百万，良将三千，谅以你们腐草的萤光，怎敌得过当空的明月？先生如今倒戈卸甲，以礼来降，还可以得到封侯的地位。这样就会国家安定，百姓免遭战乱，难道不好吗？"

阵前魏国的士兵听了，纷纷大声叫好。王朗的一番话令魏兵军威大振。

谁料，诸葛亮却在车上哈哈大笑道："我原以为，你身为汉朝老臣，来到阵前面对两军将士，必有高论，没想到，竟说出如此粗鄙之语！我有一言，请诸位静听：汉朝自从桓帝、灵帝开始，汉统衰落，宦官酿祸；国家连年战乱，又遭旱、涝天灾。黄巾之后，董卓、李傕、郭汜等接踵而起，劫持汉帝，无辜百姓被杀戮，弃尸荒野。这都是因为朝廷之上，狼心狗肺之辈纷纷当道，奴颜婢膝之徒竞相掌权。值此国难之际，王司徒又有何作为？我了解你王朗的来历，你祖居东海边，举孝廉做官。本应该辅助朝廷，治国兴邦，你却帮助盗贼，一共篡位，助纣为虐！大逆不道、不忠不孝。你的罪恶深重，天理不容！"

王朗听了气得哆哆嗦嗦地说："你……诸葛村夫，你竟敢如此辱骂我！"

诸葛亮说："住口！你这无耻老贼！岂不知天下百姓恨不得吃你的肉！怎么还有脸敢在这里饶舌？今天幸好我在，辅佐刘皇叔在西川继承汉朝统治，是天意不绝我大汉王朝！我奉皇帝诏命讨伐叛贼，率领正义之师。你本是一个善于阿谀奉承的大奸贼，只配缩头藏身苟延残喘，不过为了混碗饭吃罢了，还竟敢在两军阵前大谈什么上天规律？你这叛逆老贼，死后归到九泉之下，我看你还有什么脸面去见地下的二十四位汉朝皇帝！贰臣贼子！你枉活七十有六，一生未立寸功，只会摇唇舞舌，助曹为虐！一条断脊之犬，还敢在我军阵前狺狺狂吠！我从未见过如此厚颜无耻之人！！！"

诸葛亮话音刚落，王朗竟大叫一声，口吐鲜血，一头栽到马下，气绝身亡了。

谋略点评

　　诸葛亮与王朗之间的言语交锋，可以说都是精华，措辞方面都达到了很高的水平，双方都是言词惊人、一语命中的辩论高手。王朗在交谈开始时就以天数有变、识时务者为俊杰为论据，阐述汉朝自汉桓帝、汉灵帝以来，战乱、灾荒不已，曹操平定战乱，万众归心，曹丕篡汉，是天命所归。你诸葛亮既然是有见识的人，就应该投降我魏国。他采用的就是攻心术，目的在于劝说诸葛亮投降。

　　而诸葛亮则以忠孝为论据，驳斥了王朗"天数有变"的论据，指出国家连年战乱的原因是人为造成的。朝廷上奸臣当道以致国家危急，百姓遭难。正像王朗原是汉朝老臣，本应匡扶汉室，却投靠曹操，成为不忠不孝的老贼。最后又表明自己是奉天讨贼，伸张正义，并以总结论说：你活着时就背着乱臣贼子的骂名，死了也没有脸面去见汉朝先帝！他采用的也是攻心术，彻底驳倒了对方，使其急火攻心而死。

舌辩群臣，崔浩力劝武帝征柔然

东晋初年时，鲜卑拓跋部还是一个游牧部落，比较落后，后来吸收了中原文化，逐步建立了封建政治制度。东晋太元十一年（公元386年），鲜卑贵族拓跋珪建立了北魏，同时任用了一大批汉族士人做他的谋士，其中最有名望和谋略的就是崔浩。

当时的柔然也是北方的一支游牧部族，他们经常南下进犯北魏，烧杀掳掠，威胁北魏边境的安全，严重干扰了北魏统一北方的计划。

公元429年，北魏太武帝拓跋焘打算讨伐柔然，却遭到朝廷上下的一致反对，他们认为现在征伐柔然的时机还不成熟，而且会得不偿失，如果南朝借此偷袭北魏，后果将不堪设想。但是唯独谋士崔浩赞成出兵征伐柔然，并一一驳斥了那些反对的观点。

当时，崔浩在拓跋焘面前同尚书令刘洁、左仆射安原、黄门侍郎赫连昌等人展开了激烈的辩论。他们都认为柔然是没有用的地方，那里的土地不够肥沃，人民没有教化，即使征服了柔然也没有什么用途，是白费功夫。

针对这样的观点，崔浩驳斥道："这些观点是以前汉朝时的老生常谈了，完全和现在的形势不符合。柔然以前就从属于我们国家，所以要去征伐它，使它重新臣服我们，这是天经地义的。况且柔然所在的漠北草原水草丰茂，很适合放牧和种植，怎能说是不毛之地呢？应该是很有价值的土地。柔然是游牧民族，以前南方的汉人去攻打柔然，的确有很大的困难，确实也遭受过很大的损失。但是我们也是游牧民族，我们有针对他们的特有的战争策略，去攻打柔然应该是没有问题的。况且，柔然多次来犯，骚扰边境，只要它存在一日，我们就一日不得安宁，而且它还严重干扰了我们统一北方的计划。因此我们应该尽全力去征讨柔然。"

又有人反驳崔浩说:"征讨柔然是很大的军事行动,想保守这个军事秘密是不可能的。如果不能保守秘密,让柔然知道了,他们就会向北逃跑,我们岂不是白费工夫?况且,如果南朝乘机出兵来攻打我们,我们留下的军队可能无法抵挡。这样做是很危险的,会不会'赔了夫人又折兵'都不好说,所以还是不要去征伐柔然了。"

崔浩微微一笑说:"恰恰相反,如果不彻底摧毁柔然就无法抵御南朝。以前刘裕曾经攻占关中,留下爱子和几万精兵镇守,却全军覆没。但是现在情况不同了,现在我国国力强盛,南朝绝对不敢主动北上来犯我边境。依我看,即使我们主动把河南给他们,他们也难以守住。何况我们攻打柔然所需要的时间很短,他们还不足以赶到这里来攻打我们。所以南朝来犯的问题根本不需要过多考虑。而柔然则不然,他们自恃处于边远地区,以为我们没有力量去讨伐他们,因此他们的防卫并不严密。只要我们乘其不备,将他们一举消灭,方能一劳永逸。"

拓跋焘听完他们之间的辩论,下定了讨伐柔然的决心。以后事态的发展全部都在崔浩的预料之中,柔然很快被击败,而在征讨柔然的过程中,南朝的军队并没有来进攻北魏。

谋略点评

任何事情都要以发展的眼光看待,同时还要综合分析面对的形势,做到胸有成竹。当然,还要有足够的胆略和勇气,才能做出正确的选择。

崔浩不愧是北魏有名的智谋之士,在征伐柔然的问题上,就充分体现了其远见卓识。他以发展的眼光看问题,驳斥了众人一味守旧的心理,并精辟地分析了当时的形势和征伐柔然的利弊。正是他的论述具有远见而且切中肯綮,拓跋焘才力排众议,下令征讨柔然。

避其锋芒，王僧虔巧言保性命

王僧虔是东晋大书法家王羲之的四世孙。他的楷书不但继承了祖法，又有所创新，而且造诣极深，南齐朝内很多大臣和诗书大家都以拥有的墨宝为荣。王僧虔为人乐善好施，有穷人过不了日子找上门来，他就让人买来白扇，龙飞凤舞题上几笔，让穷人捧了去卖个好价钱。

于是，大家都议论说王僧虔的楷书不亚于王羲之，乃当今天下第一。哪知这话传出去之后，就有个人不服气，这个人就是齐高帝萧道成。原来，萧道成闲来无事也爱涂鸦几笔，水平还算入流，可要跟王僧虔比，可就差了一大截。

这一天，齐高帝心血来潮，想与王僧虔一比高下，拿下这个"天下第一"的名号。于是，他下了一道圣旨，传王僧虔进御花园。齐高帝捋着胡须冲王僧虔嘿嘿一笑，看着前方的亭子，大声说道："王僧虔，朕听说你的书法被称为当今天下第一，特约你来比试一下。你抬头看此亭匾额，上书'梅亭'二字。想当初你的先祖王羲之于兰亭写下一序，天下闻名，千古流芳啊。希望爱卿今朝在梅亭能梅开二度！"

王僧虔心里很不是滋味，心想，这是故意以梅对兰，侮辱先人呢。但是，他又不敢发作。在众大臣的凑热闹声中，君臣二人饱蘸浓墨，屏息敛气，开始显露各自的书法技能了。不一会儿两个人都写好了。齐高帝将头一扬，双目盯住王僧虔，笑着说："你说你我二人，谁第一，谁第二？"王僧虔心里七上八下的，既矛盾又害怕。他告诉自己：既不能随便压低自己，辱没先祖美名，也不能得罪他，弄不好可是性命难保啊。为了镇定心情，他装作慢慢地细赏两幅楷书，心中却在暗想解决的办法。突然，他的眉头舒展开来，抬起头，恭敬而又大方地对高帝说："臣的书法，为大臣行列中的第一；陛下的书法嘛，当称皇帝中的第一！"

齐高帝听罢，先怔了一怔，尔后也无可奈何地哈哈大笑起来。齐高帝说："卿可谓善自谋矣。"群臣也被王僧虔的说法逗乐了，心里暗暗佩服他语言的巧妙。也正因为王僧虔能善自为谋，才使他能够在尔虞我诈、钩心斗角的官场上得以自容。

谋略点评

如果有人一直用尖锐问题逼问你，你要懂得避其锋芒，换个角度沉稳地应付对方的挑衅。这样既可以保全自己，又可以避免折损对方面子。尤其当对方是上级或者长辈的时候，这种方法很值得借鉴。王僧虔就是运用了这种方式，他急中生智地把皇帝和自己放到了两个群体中，简简单单地化解了这场冲突。他既没有随便贬低自己，保全了先祖的美名，又顾全了皇帝的面子，满足了他的虚荣心，从而也保住了自己的性命，真可谓是两全其美。

巧设寓意，侯白讲笑话智脱身

隋文帝时期，有个善于说笑话的人叫侯白，可谓一位幽默大师。他讲的笑话不但好听，往往还蕴涵着一些人生哲理，于是大家都爱听他讲的笑话。据说就连宰相越国公杨素也喜欢听他讲笑话。

侯白曾经和杨素一起骑马出行，见到路旁有棵死槐树。杨素就说："你聪明过人，能让这棵树活过来吗？"侯白说："可以呀！"

杨素问："用什么办法让它活过来呢？"

侯白说："取槐树子挂在树枝上，它立即就能活过来。"

杨素不解地问："为什么这样它就能活过来呢？"

侯白回答说："您没听说过《论语》里'子在，回何敢死'这句话吗？"杨素听了哈哈大笑，不得不佩服侯白的幽默机智。

话说这一天，侯白应邀给杨素讲了许多笑话，杨素听得兴起，也就忘了时间，等到侯白离开杨府时，天已经很晚了。

谁知道刚一出府，又碰上了杨素的儿子杨玄感。这位公子和他爹一样，也非常喜欢听侯白讲笑话，这次遇到侯白，说什么也不肯放他回家，非要听他讲笑话。无可奈何，侯白只得站在路边给任性的杨公子讲起了笑话。

他说：从前有一只老虎，肚子饿极了，一大早就去野外找食吃。这时它看见地上躺着一只刺猬，老虎以为是块好肉，就想一口吞进肚里。不料刚要张口咬，就被刺猬的刺扎了鼻子，疼痛难忍。老虎不知碰到什么怪物，吓得纵身逃跑，一口气跑回深山老林，觉得又困乏又惊恐，便昏昏睡去。

老虎鼻子上一直带着刺猬，等老虎睡了，刺猬才放开老虎。这一下老虎不疼了，又想起自己腹内空空，从昨晚到现在还什么都没吃呢。它饿得心发慌，便一跃而起又去找食。没跃出多远，便见到一棵橡树。低头一看，那橡树的果实毛茸茸的，跟小刺猬似的，便心有余悸地说："今天早上遇见了您父亲，现在又碰上了您。请让一让路，放我回家吧！我肚子里还没食呢。"

杨玄感听到这里，不禁一阵脸红，又哈哈大笑。他心想：这故事里的橡树果实不正是说我吗？这才发现自己缠着侯白讲故事，耽搁人家吃晚饭了，真是不够礼貌。于是他诚恳地向侯白道了歉，放他回家了，以后再也不这样纠缠侯白了。

谋略点评

侯白的高明之处在于能让那些笑话为他所用。因宰相府势大，侯白不可能当面忤逆杨素父子。因此，他就算是肚子饿了，也还是不能当面回绝杨公子听笑话的要求。但是他巧妙地把自己的意愿编在了故事里，以这种委婉的方式，告知杨公子自己的想法。而由于是个笑话，杨公子也不能与他计较，但又明白了自己的不近人情，乐得就着这个台阶，于是结局皆大欢喜。

委曲求全，赵鼎巧言化解君臣矛盾

南宋初年，宋高宗赵构偏安江南，无心进取北伐中原，也不愿与金军作战，准备向金人割地称臣，签订屈辱的和约，以求得暂时的和平。

这天，宋高宗召集群臣，对他们说："金人已经答应，如果我们不再袭击金国军队，便可订立和约，并将皇太后和先帝的棺木送回。"当时抗金形势很好，宋军接连取胜，满朝文武大臣正期待着收复中原的喜讯，一听皇上说要停战议和，还要割地称臣，顿时群情激愤，议论纷纷。

张俊先后五次上书反对议和，岳飞、韩世忠等将领也拒绝休兵，还有的大臣上书说："现在群议汹汹，皆因关心'和'与'战'，陛下应深戒前车之鉴，多听取朝中懂得军事的大臣们意见，共谋长久之计。"

宋高宗见大臣们竟敢违抗旨意，十分生气，就想下旨惩治他们。时任左丞相的赵鼎虽也主张与金作战，但见高宗主意已定，为了不使君臣闹僵，保存朝廷中主战派的力量，他只好采取疏通的办法。他对宋高宗说："臣等知道皇上与金人有不共戴天之仇，现在只是迫于形势，为了对亲人尽孝道，迫不得已才答应讲和。"听他这么一说，宋高宗的表情稍微缓和。

赵鼎见皇上的态度有了松动，马上趁热打铁："虽然大家说了一些愤懑的话，但这绝不是不尊敬皇上，相反这是在爱护皇上。希望皇上圣明，不要见怪。"接着他又为宋高宗出谋划策说："皇上可下这样一道圣谕，讲明议和其实并不是您的本意，只是因为亲人的缘故才不得不这样做。等到先帝的棺木和皇太后自金国返回以后，若是金人撕毁和约，那么现在是否签约也就无所谓了；若是金人遵守和约，那正是我们希望的，也就不必再恐惧和后悔了。"

本来就没什么主张的宋高宗马上采纳了赵鼎的意见。而深明"忠""孝"

二字分量的众大臣也只好缄口不语了。君臣间的这场矛盾才得以缓和下来。

谋略点评

　　身为宰相的赵鼎为了避免主和派把持朝政，保存主战派的实力，面对即将发生的君臣冲突，只好暂时采取委曲求全的策略，力平众议，使皇上找不到借口治罪大臣，也使大臣们提不出更充分的理由责怪皇上。他用心良苦，收到了一举两得的效果。

急中生智，刘墉妙答悦帝心

清朝乾隆皇帝喜欢附庸风雅。某年中秋节，他闲来无事，就来到京郊的西堤散心游玩，他身旁有许多大臣陪着，刘墉也在其中。那时候，西堤早已辟为御果园，沿堤种了许多果树。当时正值中秋节，是各种水果成熟的时节，果树上都结满了果子。

走在西堤上，没了公事缠身的乾隆兴致很高，玩得很尽兴。休息的时候，他吩咐太监在昆明湖里采了一个莲蓬，亲手剥开，尝了一粒莲子，又吐出来，随口吟了一句"莲子心中苦"，让大臣们对诗。

大臣们不知道皇上葫芦里卖的什么药，都在仔细琢磨。平时爱在皇帝面前讨好的和珅，急急忙忙地抢先对了一句："母猪肚里臭。"

乾隆一听如此不雅，把脸一沉，训斥他说："今日是中秋佳节，你竟用这些污言秽语来煞风景！该当何罪？"

和珅讨了个没趣，慌忙跪倒在地，说："臣罪该万死，请皇上恕罪！"

乾隆平时就十分宠信和珅，现在看着他那可笑的样子，也没再追究。乾隆看见刘墉也在人群中，便冲他招呼说："刘爱卿，过来。"

刘墉向前走了几步，跪在地上问："万岁唤臣有何旨意？"

乾隆说："刘爱卿，朕问你，刚才朕的诗想必你也听见了。平时都说你是大才子，满腹经纶，现在你可有佳句来对朕的诗啊？"

刘墉一听就知道皇上是有意要为难自己，略微沉思了一下，他从路边梨树上随手摘下来一个梨子，咬了一口又吐出来，吟出一句："梨儿腹内酸。"

乾隆听了，连连点头说："好！"他回头对和珅说，"你要好好读点诗文，也要学得文雅一点。"

虽说如此，但乾隆一向很嫉妒刘墉的文才，今天成心要把他难倒，让他在大臣面前出一出丑。乾隆看见路旁一棵树上挂满了青柿子，还没成熟，如果现在就吃的话是很涩的。他对刘墉说："刚才那一句你对得很工整，朕很满意，特赏赐你一个大柿子吃。"

刘墉不慌不忙从太监手里接过一个青柿子，说："谢主隆恩。"暗地里想："想出我的丑，没那么容易。"他就从身上掏出一把小刀，把柿子切成几块，分给几个大臣，并且说："这是皇上的恩赐，我不敢独自享用，分成几块，也请诸位分享吧！"大臣们当着皇帝的面，谁也不敢不吃，结果个个涩得吐舌咂嘴的，狼狈不堪，也不敢有丝毫的怨言，只能忍着。

休息完之后，乾隆带着大臣们沿着西堤，继续往前走，来到一棵梨树底下站住了。他让太监选了一个又大又黄的鸭梨，赏给刘墉吃。刘墉正好口渴得很，接过鸭梨，也不管别的，就大口大口地吃起来，边吃边说："真甜！真香！"把旁边的大臣们馋得直流口水。

乾隆奇怪地问他："这次为什么不分给大家吃啊？"

刘墉说："皇上万岁！这鸭梨虽然人人想吃，但是我却不能给诸位分梨吃！今天是团圆节，若是众大臣分梨（离）了，那还怎么效忠皇上，保住大清的一统江山呢？"

乾隆听了，乐得开怀大笑，说："刘爱卿，你可真是机敏过人，你那一颗保国的心，朕是明白了。"

还有一次，乾隆皇帝突然问刘墉一个怪问题："京城共有多少人？"

刘墉虽说猝不及防，却非常冷静，立刻回了一句："只有两人。"

乾隆问："此话何意？"

刘墉答道："人再多，其实只有男女两种，岂不是只有两人？"

乾隆又问："今年京城里有几人出生？有几人去世？"

刘墉答："只有一人出生，却有十二人去世。"

乾隆说道："此话怎讲？"

刘墉答道："今年出生的人再多也只有一个属相，岂不是只有一人出生？今年去世的人则十二种属相都有，岂不是死去十二人？"乾隆听了不禁大笑。

　　刘墉的回答可谓极妙。皇上发问，不回答显然不行，回答时又不能乱侃，这才急中生智，妙答趣对皇上之问。

谋略点评

　　幽默、诙谐的谈吐是一个人处世智慧的体现，它不但能使尴尬的场面变得轻松愉快，还能使人在险境中绝处逢生。刘墉无疑就是一个富有智慧的人，他以自己诙谐、幽默的语言，巧妙地回答了皇上提出的刁难问题，赢得了皇上的赏识。